O FORMADOR MODERNO
E A ORGANIZAÇÃO FORMADORA

Técnicas ao Serviço da Eficácia
e da Eficiência na Formação Profissional

JOSÉ MARTINS DOS SANTOS
Ph.D, PEng – SÓCIO GERENTE DA MASCEA LDA.

O FORMADOR MODERNO
E A ORGANIZAÇÃO FORMADORA

Técnicas ao Serviço da Eficácia
e da Eficiência na Formação Profissional

O FORMADOR MODERNO E A ORGANIZAÇÃO FORMADORA
TÉCNICAS AO SERVIÇO DA EFICÁCIA
E DA EFICIÊNCIA NA FORMAÇÃO PROFISSIONAL

AUTOR
JOSÉ MARTINS DOS SANTOS

EDITOR
EDIÇÕES ALMEDINA, SA
Av. Fernão Magalhães, n.º 584, 5.º Andar
3000-174 Coimbra
Tel.: 239 851 904
Fax: 239 851 901
www.almedina.net
editora@almedina.net

PRÉ-IMPRESSÃO | IMPRESSÃO | ACABAMENTO
G.C. – GRÁFICA DE COIMBRA, LDA.
Palheira – Assafarge
3001-453 Coimbra
producao@graficadecoimbra.pt

Abril, 2008

DEPÓSITO LEGAL
275208/08

Os dados e as opiniões inseridos na presente publicação
são da exclusiva responsabilidade do(s) seu(s) autor(es).

Toda a reprodução desta obra, por fotocópia ou outro qualquer
processo, sem prévia autorização escrita do Editor, é ilícita
e passível de procedimento judicial contra o infractor.

Biblioteca Nacional de Portugal - Catalogação na Publicação

SANTOS, José Martins dos

O formador moderno e a organização formadora : técnicas
ao serviço da eficácia e da eficiência na formação profissional
ISBN 978-972-40-3381-5

CDU   377

DEDICATÓRIA

À minha mulher Luciana e ao Sérgio, Susana, Filipa, Steve, Pedro, Ana, Rui, Erica, Alexander, Nicholas, Diogo, Rodrigo e Sofia, pela ajuda e paciência no apoio à produção deste livro.

A diferença na qualidade de vida profissional das pessoas com ou sem **Formação Contínua** é actualmente comparável à diferença entre a qualidade da *água do charco* e a da *corrente do rio*. A primeira não tem a qualidade própria por não ser renovada, a segunda **pode** ter qualidade por estar em contínuo movimento.

O Autor.

AGRADECIMENTOS

A realização deste livro contou com a ajuda amiga de muitos profissionais das mais variadas actividades. Quero destacar a especial colaboração activa e conhecedora nos aspectos técnicos e pedagógicos, do Dr. Luis Filipe Santos ex-presidente do Conselho Executivo da Escola E. B. 2-3 Vieira da Silva em Carnaxide e membro actual da Assembleia Municipal de Oeiras.

De entre muitos outros amigos colaboradores gostaria de destacar os seguintes:

João Mosca, Prof. Doutor em Economia – Instituto Piaget, Almada.
Sérgio Santos, Mestre em Ciências do Ambiente, Coordinator International Eco-Schools (EU), Director Geral da TerraSystemics.
Filipa Santos, Psicóloga, Educadora – Waldorf System – Governo do Canadá (BC).
Steve Pleva – Accountant Manager – Governo do Canadá (BC).
Amândio Baía, Prof. Doutor, Instituto Politécnico da Guarda.
José A. Patriarca – Engenheiro, Comendador.
Jorge Faria – Engenheiro, Gestor de Projectos Energéticos.
Eduardo Correia – Engenheiro, Assessor Industrial, Prof. Universitário.
Abel Carreira, Engenheiro, Assessor Industrial.
Daniel Carreira, Engenheiro, Director Industrial.
Sales Luis, Engenheiro – Assessor de Direcção Industrial.
Pires Abraços – Engenheiro, Professor do Ensino Superior (ISEL).
Teresa Cabrita – Prof.ª Doutora, Departamento de Ciências Químicas e do Ambiente – I. Piaget – Almada.
José Carneiro Moniz – Engenheiro, Assessor Principal M.O.P. – MN.
Júlia Franco – Lic. Letras, Directora de Formação da Acridevarum.
J. Paulo Bela – Engenheiro, Coordenador de Formação.

Dr. Lindo da Silva – Assessor Industrial – Embaixada do Canadá (Portugal).

Susana Helena Santos – Psicóloga Social – Doutoranda (Faculdade de Psicologia e Ciências da Educação da Universidade de Lisboa).

Goreti Costa – Técnica de Secretariado – executou, com grande empenho, o processamento de dados deste livro.

PREÂMBULO

A Formação Profissional em Portugal atravessa um período crítico de transição onde predominam uma **nova visão de substância, novos métodos na transmissão da mensagem formativa e um novo estilo de Formador**. Esta adequação é não só necessária por imperativo Estatal e Comunitário em acções financiadas pelo Estado Português e Fundo Social Europeu, mas constitui sobretudo um novo conceito capaz de inserir os Formandos nos novos desafios que enfrentam nos actuais mercados de trabalho, cada vez mais selectivos, exigentes e competitivos. Esta nova filosofia formativa necessita de uma tomada de atitude que torne a relação Formador/Formando mais motivante e proactiva através de novos conteúdos, métodos mais eficazes e estilos comunicativos mais adequados a uma sociedade moderna. Esta desejável nova atitude na Gestão da Formação e do Formador em particular, vem trazer uma elevada esperança face aos ambiciosos Programas no domínio da Formação de Recursos Humanos, previstos para Portugal até 2015. Esta condição implica que se passe de um estilo de Formação Profissional em que a transmissão de conhecimentos deixe de contribuir apenas para o enriquecimento pessoal do indivíduo em matéria cultural, para um outro modo de pensar e de agir em que os conhecimentos sirvam principalmente para que a mais valia adquirida na Formação seja efectivamente posta em prática nos locais de trabalho e assim contribua, paralelamente ao enriquecimento profissional do indivíduo Formando, também para a melhoria da sua produtividade laboral. Chamamos a este novo conceito de **Proactividade na Formação Profissional**. Ao longo desta obra, abordam-se capítulos de elevado interesse para o Formador e para o Gestor da actualidade, dá-se a devida ênfase à **Eficácia** e à **Eficiência Formativa** num contexto comunicacional em que as **Metas** previamente traçadas, através da aplicação optimizada dos **Recursos Humanos, Técnicos e Financeiros** envolvidos no **Processo**, sejam de facto verificadas, cumprindo a sua nobre função social utilitária.

Não obstante a função principal do Formador ser a de **Executante Técnico** do módulo com matérias da sua responsabilidade, as fases de **Planeamento**, e particularmente da **Avaliação do Formando**, devem ser consideradas etapas de relevante importância no seu trabalho e portanto será dado nesta obra o devido crédito e relevância a estas matérias, colocando adequada ênfase nestes temas.

O **Formador Profissional** para desempenhar as suas funções de modo **Eficaz** e **Eficiente** deve desenvolver não só talentos técnicos sobre as matérias que transmite, mas também, é hoje de enorme importância que possua sólidos conhecimentos sobre **comunicação interpessoal**, **motivação humana** e, sobretudo, a capacidade de saber cultivar sempre a sua *auto-estima* e a sua própria *imagem pessoal* ao mais elevado grau.

Com base na vasta e diversificada experiência do Autor no âmbito Industrial e em particular na Formação Profissional, são abordados neste livro vários exemplos práticos e pertinentes da vida activa do **Formador** e do modo mais eficaz como pode interagir nas suas funções e na Organização que serve. **Este livro é por isso, recomendado aos Formadores e Gestores de Formação Profissional e ainda a todos os que de alguma forma encontram as suas vidas ligadas ao Ensino Técnico Profissional.**

NOTA: Os nomes de pessoas e Organizações a seguir apresentados como exemplos neste livro são fictícios. Qualquer coincidência é mero acaso não podendo por isso implicar qualquer responsabilidade ao Autor ou à Editora.

A FILOSOFIA, A ASSERTIVIDADE E O SUCESSO DO FORMADOR MODERNO

A Atitude Mental do Formador

O Formador Profissional necessita em primeiro lugar de se capacitar dos conhecimentos inerentes às matérias que vai instruir, de modo a sentir-se bem diante dos Formandos a quem se dirige. É necessário criar, desde o início, um *"rapport"* de credibilidade e de confiança de modo a conseguir-se no grupo dos Formandos um sentimento de valorização contínua através das matérias que se vão transmitindo. Este é sempre um processo gradual, de trabalho contínuo e persistente do Formador. Nenhum Formador terá, no início da Formação, garantida a conquista da credibilidade, por mais elevada que seja a sua competência técnica. Nas primeiras semanas de contacto, o Formador é observado em pormenor, muitas vezes de modo intuitivo pelos Formandos, quanto à sua competência na transmissão da palavra e na segurança com que o faz.

Quando, nas primeiras duas semanas, o Formador não consegue convencer os Formandos da utilidade dos conhecimentos transmitidos será mais difícil ou muito difícil motivá-los no futuro para a efectiva participação nas actividades a desenvolver. Na realidade, as ideias destes sobre o Formador estão nas primeiras duas semanas, irreversivelmente formadas.

Pesados estes factos, para que o Formador tenha, à partida, a aceitação que deseja, deverão ser levados a sério outros talentos paralelamente às competências técnico-científicas sobre as matérias versadas, os quais são não só necessários mas desejáveis. Os requisitos considerados mais importantes para a eficácia formativa são indicados a seguir:

1. Apresentação Pessoal

O modo como o Formador veste, se apresenta no visual higiénico, usa a entoação de voz e aplica o humor é de grande importância no sucesso do seu trabalho. Na Formação é frequente serem menos cuidados estes factores de sucesso no trabalho do Formador. Em particular o traje do Formador deverá estar adequado aos Formandos. Um estilo muito formal de vestimenta em alguns ambientes humanos pode afastar ou distanciar a relação Formando-Formador, enquanto que com uma informalidade excessiva o Formador pode, em certas circunstâncias, criar uma imagem pouco credível nos Formandos.

2. A consistência na argumentação e o respeito pelas ideias alheias

No desenrolar dos seus trabalhos o Formador é frequentemente "posto à prova" pelos Formandos mais lestos. Há razões diversas para esta intervenção da parte dos Formandos. A primeira é a de resistência para que o Formador não tome o monopólio do saber ... o Formando mais activo gosta, em geral, de manifestar isso mesmo. A segunda razão é a de mostrar, à sua maneira, aos seus colegas Formandos, que dessa matéria também tem saber e experiências de valor.

O Formador deverá estar atento a estas necessidades humanas e respeitá-las por isso mesmo.

Contrariar este impulso é provocar um ambiente humano de desconforto, de uma certa disputa que não é aconselhável ao Formador. Este deve aceitar e respeitar as opiniões mesmo que não lhe pareçam correctas. Deve depois servir-se destas para os melhores fins pedagógicos, isto é, para acrescentar algo mais àquilo que transmitiu em primeira-mão sobre o assunto. Por último, com esta atitude, Formador e Formando adquirem um *feeling* ganhador que interessa sempre cultivar em ambiente formativo.

3. O uso apropriado dos equipamentos pedagógicos auxiliares

O modo como se usam os equipamentos pedagógicos auxiliares é de grande importância para o esclarecimento complementar das matérias. "*A good picture is worth a thousand of words*" (uma boa figura fala por mil palavras).

A preparação das figuras e das legendas a apresentar é determinante na utilidade da apresentação. As regras básicas a cumprir para a obtenção de bons resultados na apresentação de figuras são as seguintes:

1. **As figuras** devem ser tão simplificadas quanto possível.
2. **A grandeza das figuras** deve ser suficiente para que estas sejam vistas com clareza suficiente dos pontos mais desfavoráveis da sala.
3. **As legendas** devem ser escritas com o máximo possível de simplicidade de modo a cumprir a regra: "dizer o máximo no mais restrito possível número de palavras".
4. **O tom** de voz utilizado na explicação da figura deverá ser suficientemente calmo e enfático de modo a constituir um autêntico complemento da explicação verbal mais extensiva sobre o assunto em questão. O Formador deve lembrar-se que a boa apresentação de uma figura poderá esclarecer muito do que não foi entendido até ao momento.
5. **Treinar a apresentação** das figuras horas antes da apresentação é fundamental. O Formador deverá treinar o manuseamento das figuras qualquer que seja o modo escolhido de as apresentar e também treinar a voz mais adequada à apresentação. Poderá o Formador não fazer este exercício mais do que uma vez, mas fazê-lo uma vez é indispensável!

O Saber e a Transmissão do Conhecimento.

É do conhecimento geral que a sabedoria sobre determinadas matérias, sendo necessária, **não é** condição suficiente para o sucesso do Formador. Em matérias técnicas ou tecnológicas verificam-se frequentemente casos em que um Formador, embora sendo técnica e cientificamente irrepreensível, não atinge no entanto competência suficiente como Formador, enquanto agente principal da prática pedagógica. Para o sucesso na aprendizagem das matérias, é na verdade determinante o modo como se transmite a mensagem ao Formando. O inverso verifica-se também, embora com menor frequência, isto é, um bom pedagogo que não tem desenvolvidas as suas capacidades técnico-científicas, encontra igualmente uma condição de insucesso na Formação.

Em Portugal tem sido regra, em qualquer grau de ensino, que as matérias teóricas devem preceder sempre os respectivos ensinamentos práticos, sobretudo quando se trata de Formação Tecnológica. A ideia subjacente é a de que o Formando não entende o conteúdo prático sem que apreenda em primeira-mão o conteúdo teórico respectivo. Este princípio, embora com algum fundamento lógico, peca por não conseguir despertar ou provocar suficiente curiosidade no Formando sobre o assunto. **Este ponto é de crucial importância para o entusiasmo necessário e imprescindível a uma boa aprendizagem!**

Reportemo-nos ao ensino da Formação Técnica e Tecnológica, e experimentem-se dois modos de ensinar e aprender, isto é:

1) Começar com a teoria sobre as matérias seguindo-se a respectiva experimentação (abordagem clássica).
2) Começar com a apresentação do objectivo final, isto é, a prática, focando os principais aspectos objectivos, enfatizando as dificuldades a ultrapassar na falta de fundamentação teórica. Deste ponto, surgirão as primeiras dificuldades no entendimento do assunto em questão o que pode constituir um estímulo necessário ao formando, **criando assim uma necessidade para prosseguir na busca de conhecimento mais racional e menos empírico.**(*)'

Pela experiência, sobretudo na Formação Tecnológica, verifica-se no que se refere ao interesse, motivação e entusiasmo, que os Formandos são muito favoráveis ao segundo modo de ensinar. Neste caso, o Formando sente no seu primeiro encontro com a realidade, que necessita de saber algo mais sobre o assunto em questão para que possa concretizar o seu trabalho. No primeiro caso, o Formando é colocado dentro de um "banho" de ideias, teorias e princípios preconcebidos com os quais não está geralmente familiarizado, sentindo grande dificuldade em ver nestes conceitos algo de útil, de aplicável para a sua realização profissional.

Para os Cursos de índole Técnica e Tecnológica é vivamente recomendado que na fase de Planeamento dos Cursos se considerem as experiências expostas acima para que os métodos didácticos possam ser ajustados aos respectivos Formandos para melhor eficácia da aprendizagem.

(*)' No preenchimento das necessidades intelectuais o indivíduo procura o conhecimento pelo conhecimento. Na busca da realização profissional, que é o caso típico do Formando, este procura sobretudo um conhecimento prático e consubstanciado das "coisas da vida real".

TÉCNICAS PARA A CONCEPÇÃO E DESENVOLVIMENTO DE UMA ACÇÃO DE FORMAÇÃO

1. O Diagnóstico da Necessidade

A concepção e desenvolvimento de uma Acção Formativa que se pretende eficaz, está sempre dependente do modo como é visto o seu ponto de partida, isto é, o **diagnóstico da necessidade** de Formação para um determinado grupo de Formandos. Nada é mais motivante em matéria de aprendizagem do que a criação de uma necessidade representativa para a maioria dos elementos do grupo. Esta necessidade poderá ser de índole material ou psicológica, e quer seja de uma ou de outra espécie, irá constituir-se como uma chama acesa durante todo o processo de aprendizagem. Na Formação a motivação nunca é unilateral, assim um grupo de Formandos motivados contribui para que haja um Formador motivado e o inverso também é verdadeiro.

O **diagnóstico de necessidade** da Formação é realizado através de um levantamento dos factores humanos e organizacionais que mais poderão beneficiar da melhoria de conhecimentos adquiridos com a futura Formação. Esta é portanto uma área em que as preocupações se situam quer do lado dos indivíduos ou grupos, quer das organizações laborais. Os grandes objectivos da Empresa a curto, médio e longo termo podem determinar uma necessidade de Formação para os seus colaboradores. As mudanças de atitude dos mercados de trabalho com as consequentes necessidades de equipar os seus colaboradores com flexibilidade de conhecimentos, poderá precipitar a curto prazo, uma **necessidade de Formação Profissional**. Também o desemprego poderá provocar a curto prazo a necessidade de melhorar ou flexibilizar os conhecimentos de um grupo social abrindo assim a necessidade de Formação. Em qualquer dos casos, o trabalho efectivo para **classificar** e **quantificar** a **necessidade** começa com a recolha de dados identificando as causas dessa necessidade, seguindo-se a determinação dos efeitos indicados pela acção futura e certamente a quantificação dos custos envolvidos no processo formativo.

Vejamos um exemplo:

> *Numa Instalação Fabril existe um grupo de operários afectos aos Sistemas de Frio Industrial e Ar Condicionado, exercendo funções de operação e manutenção destes sistemas e ainda de manuseamento de produtos em conservação nas respectivas câmaras de "frio".*
>
> *A Organização conhece as capacidades dos seus colaboradores como mecânicos dos sistemas de frio que até à data têm desenvolvido bom trabalho. Contudo, mudanças no mercado de produtos alimentares impõem que temperaturas, humidades e regras regulamentares de higiene dentro dos espaços refrigerados devem mudar e para isso todo o sistema de medida, detecção de irregularidades e controlo automático deverá ser revisto. Indubitavelmente está gerada neste caso uma eminente necessidade de Formação Profissional.*

Neste exemplo a recolha de dados para o inventário e avaliação da necessidade de investir na Formação poderia iniciar-se por:

1) Comparar os sistemas de detecção e controlo existentes com a engenharia de controlo futura, avaliando diferenças tecnológicas e respectivas capacidades da realização e fiabilidade exigida para a conservação e higiene dos novos produtos. Compreender a nova legislação afim.

2) Medir benefícios qualitativa e quantitativamente que advêm do aumento do conhecimento dos operadores, uma vez expostos às novas tecnologias de controlo a instalar nas câmaras. Deve ser reflectido o grau de satisfação psicológica a adquirir pelos operadores *versus* situação de eventual frustração com consequências negativas na produtividade dos mesmos em caso de não lhes ser administrada qualquer Formação adaptada à circunstância.

3) Avaliar custos envolvidos no futuro programa formativo e **compará-los com as perdas em caso de haver investimento zero nesta área.**

É óbvio que no caso citado, a Empresa com investimento zero na Formação, vai perder competitividade a curto, médio e longo termo e o indivíduo perde também, pela **frustração que vai adquirindo no seu trabalho, sentindo-se eventualmente desactualizado ao longo do seu tempo de vida activa.**

Infelizmente em Portugal abundam ainda situações de manifesta falta de uma verdadeira objectividade operante na Formação Profissional, que se espera e deseja resolvida durante a presente década.

2. O Planeamento da Acção de Formação

O Planeamento é a fase que precede o desenvolvimento da Formação na qual devem participar não só os Gestores de Formação na Organização mas também, sempre que possível, os futuros Formadores. Idealmente, na fase de Planeamento, já estarão contratados os respectivos Formadores, de modo a que estes se possam empenhar neste trabalho.

Nada mais motivante para o ser humano, no exercício de uma actividade profissional do que a **oportunidade de empenhamento e a constatação do apreço pelo seu valor**. Para o Formador, o empenho no Planeamento, é como conhecer a origem e o fim de um caminho que vai trilhar. É sentir-se responsável por atingir o objectivo, mesmo sabendo que irão aparecer obstáculos na execução.

Planificar um Programa de Formação é definir "*à priori*" o que progressivamente se deve fazer para cumprir **um objectivo** que se traduz na conclusão de um trabalho a realizar do modo mais eficaz e eficiente possível. Dados os factores que devem entrar em jogo, planificar não é algo que possa ficar irreversivelmente definido à partida, sem que a trajectória possa ser alterada. Planificar é antes do mais estabelecer regras, indicar um caminho, determinar recursos, definir um objectivo final. O percurso definido pode no decorrer da formação, ser alvo de ajustamentos reclamados pela prática da aprendizagem os quais são indispensáveis para assegurar a motivação quer dos formandos quer dos formadores. Esta condição leva, geralmente, a que o objectivo final possa ser alcançado com sucesso.

Planificar a Formação é também prever cenários durante o percurso e decidir como interpretá-los de modo a se chegar a bom termo. O **objectivo final**, esse sim, deve ser predefinido e qualquer mudança durante o percurso deve ser ponderada de modo a não existirem desvios que possam comprometer o resultado final a atingir. A interpretação dinâmica dos factos, com instrumentos correctivos quando necessário é parte importante e inteligente do ponto de vista do Gestor do Programa. Contudo, não são de admitir desvios do **objectivo final** previamente traçado no qual se centraram todas as expectativas – **uma formação de conteúdo utilitário capaz de abrir novos caminhos à vida profissional do Formando**.

Efectivamente, o trabalho de Planeamento para a elaboração de um Programa de Formação é crucial para garantir o seu sucesso. Aqui não pode haver precipitações que levem a decisões superficialmente fundamentadas em informações entretanto recolhidas. É necessário fazer a caracterização dos Formandos a quem se destina a Formação:

- Qual o seu nível etário?
- Que formação escolar possuem?
- Qual é a sua experiência profissional?

Obteremos assim um perfil de Entrada (PE) do Formando, que, em face do Perfil de Saída (PS) desejado, determinará o **percurso de Formação** necessário:

$$PE \xrightarrow{Formação} PS$$

Este percurso de Formação deverá ser definido a partir da formulação dos objectivos pretendidos, tendo em conta os recursos disponíveis, quer materiais quer humanos. É imperioso que se tenha todo o cuidado neste trabalho, pois o Programa de Formação tem que ser operacional, exequível, isto é, o Programa de Formação deve constituir um instrumento de trabalho a partir do qual os intervenientes – Formadores e Formandos – possam agir.

A formalização dos objectivos tem um papel importante porque clarifica as intenções e procedimentos da Formação, serve de orientação para a Acção não só dos Formadores mas também dos Formandos, direccionando os seus esforços, determinando a sua compreensão, promovendo a sua motivação e facilitando a sua aprendizagem. Além disso, a declaração formal dos objectivos na Formação favorece o entendimento do rigor necessário com que deve ser tratada a Avaliação, minimizando a falta de clarificação das situações a avaliar.

Para melhor compreensão, apresentam-se a seguir alguns exemplos práticos sobre os perfis de entrada e saída do Formando num Programa de Formação:

	Perfil de Entrada (Entrevista)	Perfil de Saída (Entrevista)
Pré-Requisitos	– Formação adquirida anteriormente – 1 ano – Idade 17 anos – 6.º ano de escolaridade – Reduzida capacidade para trabalhar em equipa.	– Tem consciência da importância da sua acção na Empresa e na sociedade em geral. – Encara o trabalho de forma motivada, com competência e confiança nas suas capacidades para trabalhar em equipa. – Conhecimentos teórico-práticos suficientes para começar o estágio.

Programa de Formação (860 horas)
Electricidade Industrial

Objectivos	Módulo	N° máximo de Formandos em Sala/ Lab.	Recursos	Local	Carga Horária	Avaliação
Melhorar a capacidade de compreensão e expressão oral e escrita. Favorecer a apropriação de saberes e modelos de escrita: Relatórios, cartas comerciais, curriculum Vitae ...	Comunicação e Escrita	15	Formador Quadro Retro-Projector Dicionário Livro: "Melhor Comunicação Técnica + Desenvolvimento Pessoal" – J. Martins dos Santos.	Sala de Formação normal	38 horas divididas em sessões de 4 horas	Auto-avaliação Hetero-avaliação Assiduidade e Participação nos trabalhos Aquisição de competências/Testes
Compreender melhor o mundo em que o Formando está inserido. Contribuir para a maior consciencialização do papel do indivíduo na Empresa e na sociedade. Fomentar uma maior motivação no trabalho. Compreender o funcionamento das Organizações.	Desenvolvimento Pessoal e Social	15	Formador Quadro Retro-Projector Equipamento Video.	Sala de Formação normal.	32 horas distribuídas em sessões de 4 horas.	Auto-avaliação Hetero-avaliação Assiduidade e Participação nos trabalhos Aquisição de competências/Testes
Compreender as formas básicas de expressão. Aumentar o conhecimento dos termos técnicos da especialidade. Praticar as expressões de forma oral e escrita sobre temas técnicos.	Inglês Técnico	15	Formador Quadro Retro-Projector Equipamento Video	Sala de Formação normal.	32 horas em sessões de 4 horas.	Auto-avaliação Hetero-avaliação Assiduidade e Participação nos trabalhos Aquisição de competências/Testes
Compreender os Programas de Trabalho correntes na óptica Informática de um utilizador.	Informática	15	Formador especializado. 1 computador por cada 2 Formandos. Trabalho em rede.	Sala própria equipada com um n° de computadores suf. + printer	80 horas em sessões de 4 horas.	Testes com exemplos práticos. (Grupos de 3).
Compreensão dos Fenómenos Eléctricos.	Electricidade Geral e Aplicada.	15	Formador Sala de Formação Laboratório de medidas eléctricas.	Sala própria com Laboratório.	120 horas em sessões de 4 horas	Dois Testes com experiência Laboratorial. (Grupos de 3).
Adquirir autoconhecimentos teórico-práticos na operação de motores eléctricos incluindo cálculos simples de Potências e de protecções. (MASS e MSINC).	Motores Eléctricos de corrente contínua e Motores Trifásicos (MASS e MSINC).	15	Formador Especializado. Laboratório de Motores Eléctricos.	Sala própria com Laboratório	120 horas em sessões de 4 horas	3 Testes com cálculos simples.
Adquirir competências teorico-práticas nas aplicações da Electrónica. Desenvolver automação.	Electrónica Geral e Aplicada. Sistemas de Automação.	15	Formador Especializado. Laboratório de Electrónica com Automação/Sistemas Digitais	Sala própria com Laboratório	160 horas em sessões de 4 horas	3 Testes com experiência (Grupos de 3).
Desenvolver competências técnicas na Manutenção de motores eléctricos e em Sistemas de Automação aplicada aos equipamentos de Potência.	Manutenção de equipamentos de Potência e em Sistemas de Automação aplicada.	15	Formador especializado Laboratório de Sistemas de Electrónica e Sistemas de Automação.	Sala própria com Laboratório	180 horas em sessões de 4 horas	3 Exercícios práticos pré-determinados (Grupos de 3).
Apresentar Trabalho Final e Relatório	Desenvolver método de instalação de um Sistema de Potência Eléctrica Automática de Protecção e Controlo.	15	Formador especializado com conhecimento prático de instalações eléctricas.	Sala própria com Laboratório	104 horas (a determinar)	Avaliação com apresentação oral de trabalho.

Durante a Planificação é preciso definir bem os recursos necessários – recursos humanos, técnicos e financeiros e combiná-los de modo a optimizar a sua utilização, com um enquadramento correcto. Por exemplo, ter um bom grupo de Formadores, com um suporte financeiro adequado, constitui apenas condição necessária, não sendo por si só suficiente ao sucesso do Programa. Este pode ser seriamente abalado com uma logística de serviços técnico-administrativos de apoio deficientes. À partida, Métodos e Técnicas Pedagógicas e Didácticas deverão ser estabelecidos com margem para ajuste durante o percurso. O empenho e a resposta aos conteúdos formativos por parte dos Formandos são condição muito importante para se estabelecer uma avaliação correcta. Um Programa para ser solidamente delineado deve atender a este factor sob pena de ter elevada probabilidade de insucesso.

Deve ainda ser considerado com cuidado o tempo de duração da acção. Este deve ser determinado tendo em conta vários factores, como os conteúdos, a localização e a logística de transportes, e também as idades, as classificações e os interesses pessoais dos Formandos.

São conhecidas algumas falhas habituais nos Programas de Formação Profissional. Entre muitas outras destacam-se alguns **aspectos relacionados com o Planeamento e seu cumprimento**, em que se verificam frequentemente implicações bastante negativas para os resultados globais da acção. Indicam-se alguns exemplos típicos de insucesso:

- *No dia de apresentação da Acção aos Formandos, dos três Gestores do Programa e de um Formador escalados para a abertura às 20:00 só um destes elementos chegou à hora determinada. Três dos restantes chegaram às 21.45 falando entretanto apenas para metade dos Formandos inicialmente presentes. Nos dias que se seguiram apenas a metade presente no primeiro dia continuou no Programa, os restantes foram cancelando as suas inscrições.*
- *Durante o percurso formativo, uma reunião com os Formandos foi marcada para o dia e hora coincidente com uma final de futebol em que estava representada a Equipa Nacional. Apenas 1/3 dos Formandos estiveram presentes na reunião.*
- *Como parte integrante do Programa, uma visita de estudo a um complexo industrial, a 150 km do local de Formação, foi marcada para as 10:00 em combinação com a Direcção da Empresa. O autocarro chegou com os participantes às 12.15, hora a que o pessoal interno, guias dos Formadores e Formandos, se preparava para partir para o almoço. A visita, adiada*

> *para a sessão da tarde, só se realizou com muita dificuldade por parte da Empresa acolhedora.*
> - *Foi incluído no Programa fazer-se um dia de Seminário intercalar sobre matérias tecnológicas da actualidade onde se reunissem Empresas, Câmaras Municipais, Formadores e Formandos. Oradores, órgãos da Imprensa local, sala de conferência e logística foram previamente definidos para o dia e duração do Seminário. O anúncio local do evento foi distribuído no dia do encerramento das inscrições. O Seminário não se realizou.*
> - *O Formador de um módulo preparou intensamente uma determinada matéria para ser apresentada em transparências (acetatos). O retroprojector não funcionava capazmente, por avaria, no primeiro dia desta apresentação. O mesmo se seguiu nos seguintes 4 dias. O Formador decidiu continuar com as explicações verbais sobre as matérias preparadas desenhando no quadro, de costas voltadas para os Formandos, as figuras mais pertinentes. Resultado: <u>Só 1/3 dos Formandos assistiram a estas aulas</u>.*
> - *O Coordenador do Programa planeou intervir activamente nas visitas de estudo às Empresas locais, traçando uma agenda para estes eventos e anunciando-a. Formandos e Formadores tiveram conhecimento deste planeamento por parte do Coordenador. No final do percurso formativo não foi realizada qualquer visita de estudo. Instalou-se a falta de credibilidade da Organização nos Formandos e Formadores afectando a imagem da Organização para cursos futuros.*

Estas são apenas um número muito restrito de situações indicativas de como as "coisas" podem correr mal na Formação Profissional.

Uma Acção Formativa para ter sucesso não se resume **apenas** à competência técnica e científica – são necessários outros ingredientes essenciais à vitalidade, à eficácia, à eficiência do Programa, e à transmissão da imagem de uma conduta séria e credível por parte da Organização Formadora. Destacam-se três pontos essenciais:

- Coerência entre os pontos essenciais assinalados no Planeamento da Acção e na consequente execução do Programa.
- Disciplina na logística de apoio à formação.
- Respeito pela pontualidade temporal. **O tempo** aplicado neste trabalho por **todos** os Recursos Humanos envolvidos **é um recurso precioso, não renovável**, devendo portanto ser atribuído à disciplina na pontualidade temporal um grau elevado de importância no desenvolvimento dos Programas Formativos.

O INVENTÁRIO DOS RECURSOS NECESSÁRIOS A UM PROGRAMA DE FORMAÇÃO PROFISSIONAL

– O Inventário de Recursos, embora seja um assunto das preocupações principais do Gestor, deve ser também matéria do conhecimento do **Formador**. Com uma visão global do processo formativo, o Formador ficará mais habilitado a entender melhor, de modo mais integrado, o seu papel no seio da Organização. É confortante para o Formador que tenha uma visão ampla não só dos fins a atingir mas também das dimensões dos Recursos envolvidos no processo: **Recursos Humanos, Recursos Materiais e Financeiros**. Sem esta percepção o Formador terá uma ideia limitada do seu trabalho na Organização. Com este conhecimento o Formador entenderá melhor os aspectos deontológicos da profissão como também se aperceberá com maior clareza de eventuais dificuldades da Organização em momentos particulares do processo.

OS RECURSOS HUMANOS NA FORMAÇÃO PROFISSIONAL

Os R.H. deverão ser cuidadosamente seleccionados quer qualitativa quer quantitativamente, pelos Gestores do Programa. Estes exercem em todo o processo uma importância vital. Ou os R.H. estão adequados às **condições do Programa e seus Objectivos** ou todo o processo poderá resultar num indesejável insucesso.

Não existe uma selecção paradigmática de Recursos Humanos que abranja as mais variadas condições, fundamental para se alcançar todo o tipo de objectivos pretendidos, mesmo quando estamos a falar de Formação Profissional, dentro das mesmas matérias em questão. Existem sim **adequados** Recursos para desenvolver Programas em dadas condições geográficas, sociais e outras. Isto quer dizer que muito bons Recursos Humanos que tiveram sucesso dentro de uma certa especificidade formativa poderão falhar em determinadas condições de outro Programa ou mesmo no alcançar de diferentes objectivos dentro do mesmo Programa. Preferencialmente todos os RH aplicados em determinado Programa Formativo deverão ser conhecedores do ambiente socioeconómico local e regional.

Exemplo:

Uma Organização formadora estabelece como critério de máxima importância a pontualidade e o rigor numa sequência de pequenas metas-objectivo. O excelente Formador, por hipótese um bom técnico de Engenharia, que se adequava excelentemente noutro Programa em que a pontualidade não era determinante ou em que apenas interessava alcançar o objectivo final, pode **falhar** naquelas condições de trabalho. São inúmeros os casos de insucesso no âmbito da inadequação dos Recursos Humanos quando enquadrados em Organizações e objectivos específicos.

Vejamos um caso:

Uma certa Organização Formativa seleccionou para os seus quadros um Formador, académica e profissionalmente qualificado em matérias de Frio Industrial e Ar Condicionado. Este Formador foi contratado para leccionar um módulo na sua especialidade segundo os critérios pré-estabelecidos pela Organização, dentro dos quais se destacavam como fundamentais os seguintes:
1. *Pontualidade* – Qualquer desvio nas entradas e saídas para além de 15 minutos de tolerância não era aceitável.
2. *Proactividade e Acção Correctiva* – Ao Formador era esperado incutir nos Formandos um sentido prático e objectivo das matérias que ensinava mediante alguns equipamentos disponíveis.
Ao fim de cada grupo de 4 lições o Formador deveria dar "feed-back" aos Formandos sobre o seu progresso (traçado de pequenos objectivos intermédios).
3. *Expressão Técnica escrita e verbal* – A Organização determinava que os Formadores proporcionassem instrução de modo a que os Formandos, no campo da Formação respectiva, desenvolvessem modos de expressão escrita e oral claros e objectivos (Proactividade + eficiência pessoal).

Em suma, esta Organização preocupava-se para que os seus Formandos, ao concluírem os seus cursos de formação, fossem capazes de uma integração efectiva no mercado de trabalho adequada ao tempo actual, à modernidade e às novas exigências da Empresa.

Acontecia porém que neste caso o Formador, que cumpria de modo brilhante o ponto 2 (Proactividade e Acção Correctiva), não cumpria ou cumpria com grande dificuldade e alguma frustração, os pontos n.º 1 e 3 (Pontualidade e Formas de Expressão), trazendo à Organização sérios problemas a resolver. As qualificações actuais deste Formador eram assim manifestamente insuficientes para que a Organização Formadora atingisse os **objectivos** a que se propôs com o desejável sucesso.

Quais são os pontos críticos a observar para que a Organização Formadora, à partida, possa realizar uma selecção adequada de Recursos?

Uma tarefa prioritária na preparação de um Programa de Formação Profissional é o da selecção adequada e alocação correcta dos recursos aplicáveis.

De entre os Recursos necessários para a Formação Profissional (Recursos Humanos, Financeiros, Técnicos e Logísticos), são os RH aqueles que requerem um maior grau de permanente atenção, sem prejuízo do valor dos restantes meios, como é o caso dos recursos Financeiros.

O USO DOS RECURSOS HUMANOS

Quando se coloca a necessidade da alocação dos Recursos Humanos (RH) surgem as questões mais vitais, como:

- ✓ Qual é a tarefa que se desenha no horizonte à Organização Formadora em geral e aos Formadores em particular?
- ✓ Quem deve ser responsável pela execução de cada tarefa sob os pontos de vista de Coordenação da Formação e das tarefas Administrativas e Financeiras?
- ✓ Quais são os meios disponíveis para desenvolver o Programa de um modo harmónico atingindo os objectivos traçados com a efi-

cácia e a eficiência necessárias (meios técnicos e humanos de suporte ao Programa)?

✓ Qual o sistema de controlo a instalar para a interpretação dinâmica do Programa em tempo real, de modo a introduzir as necessárias correcções e ajustes sempre que necessário?

No horizonte de um Programa de Formação, sobretudo em Acções de Média e Longa duração (com um número de horas superior a 200), existe sempre um número considerável de imponderáveis susceptíveis de surpreender, normalmente pela negativa, as Organizações mais incautas. De entre estes factores destacam-se:

1. O comportamento dos Formandos numa apreciação longitudinal é normalmente muito diferente do esperado aquando da impressão deixada na entrevista inicial. O Formando, com emprego ou não, tende a olhar "em frente e à retaguarda" à medida que decorrem as semanas de Formação, isto é, está em constante balanço entre o que poderá beneficiar com a Formação e o que perde de ganhar materialmente, ausência da família ou dos amigos, etc., na medida em que dedica o seu tempo pós-laboral à actividade formativa onde está envolvido. É habitual ver-se o Formando "agarrar" o Programa com interesse e dedicação no primeiro mês de Formação quando o que se lhe transmite é mais forte do que a maior parte das suas motivações interiores. O contrário também é habitual verificar-se: – ao fim de aproximadamente um mês de Formação, o Formando pode estar à beira da criação de um "*feeling*" de desinteresse e até de desânimo perante o "fiel da balança" – perdas *versus* benefícios.

2. As tarefas de ordem Pedagógica orientadas num sentido motivante exercem, ou **devem exercer**, sem qualquer dúvida, o eixo principal da eficácia na Formação Profissional. No pilar deste eixo deve assentar uma Gestão Pedagógica global competente, matura e minimamente experiente. À volta deste eixo girarão Formadores bem equipados com capacidades técnicas e comunicacionais capazes de entender as razões **por que estudam os adultos depois de um dia de trabalho** ou porque não querendo prosseguir os estudos oficiais nas Escolas se dedicam à aprendizagem formativa em Programas de curta duração. É desta percepção das razões que levam as pessoas a escolher a aprendizagem apesar de deixarem

de lado os tempos de recreio cada vez mais atraentes, que nasce uma nova capacidade do Formador, isto é, a de ser cada vez mais um Motivador dentro da sua esfera de aptidões técnicas.
3. O envolvimento dos Formandos em actividades socioculturais é de importância vital para a geração do desejável interesse destes na aprendizagem. As visitas de estudo quando bem preparadas e adaptadas ao conteúdo das Acções Formativas, desempenham talvez o ingrediente mais importante em todo o desenvolvimento deste processo. É da experiência comum que os Formandos, desde que as visitas de estudo sejam estrutural e logisticamente bem preparadas, estão sempre disponíveis para responder positivamente a estas iniciativas. A capacidade criativa, organizacional e comunicativa dos Administrativos e Formadores nestas actividades é necessária para que no final os resultados sejam favoráveis à Organização Formadora, aos Formandos e também, o que é muito importante, que a instituição acolhedora fique agradibilizada com a visita! ... há ir e voltar!
4. O suporte administrativo pode não possuir sensibilidade suficiente para executar as suas tarefas no domínio da Formação. Se esse for o caso, deve ser dada formação específica para este pessoal colaborador.

Frequentemente bons administrativos em tarefas de expediente normal de escritório não são adequados para tarefas de Formação. A razão é simples de explicar... num escritório (exceptuando tarefas de relações públicas) o funcionário pode relacionar-se profissionalmente com 2, 3, 4 colegas de trabalho. Na Formação poderá relacionar-se com 20, 30, 40 ou mais Formadores, Formandos e superiores hierárquicos estando mais à prova os seus talentos de maturidade, compreensão, assertividade, por vezes de alguma paciência com a diplomacia possível e de outros atributos positivos de personalidade.
5. A tarefa dos órgãos responsáveis pela gestão dos meios financeiros é também vital em todo o desenrolar do Programa Formativo. Sem competências específicas nesta área, a Organização estará em dificuldades que são transmitidas necessariamente a todo o processo formativo. As razões desta asserção são várias:
   1) Despesas não controladas levam a curto ou médio termo à falta de fundos disponíveis para fazer face a pagamentos inadiáveis.

2) A desorganização financeira da Empresa Formadora é facilmente notada pelos seus órgãos colaboradores e até pelos Formandos, criando-se uma imagem não credível. Este aspecto poderá contribuir para o fim prematuro do Programa Formativo com o prejuízo de todos.
3) A desorganização financeira da Empresa é vista pelos Agentes de Financiamento Estatal/Comunitários como uma experiência não credível para Programas futuros.
6. Os trabalhos de ordem logística são parte integrante de um processo que se pretende credível. A logística na Formação envolve factores com ligações internas e externas à Empresa aos quais deverá ser prestada, de início, a maior atenção. Por exemplo, assegurar que o Formador A, nas suas deslocações diárias em período pós-laboral para cumprimento das suas obrigações para com a Organização Formadora não traga incompatibilidades com o estabelecido e assim não haja falta de pontualidade. A falta de cumprimento dos horários pelo Formador é inevitavelmente uma falha contagiante para os Formandos. Estes seguem normalmente o comportamento do Formador, com a consequente descredibilização da Organização Formadora. Uma outra ilação logística com o exterior é a Programação de visitas de Estudo envolvendo transportes e *"timings"* no seu cumprimento.

Pela importância de que se revestem as visitas de estudo no âmbito da Formação Profissional este é assunto ao qual a Organização Formadora deve prestar a melhor atenção. Por um lado, os aspectos pedagógicos poderão ser consideravelmente melhorados após estas visitas pelas observações *"in loco"* dos assuntos mais relevantes ensinados, e pela *"liaison"* que se poderá verificar em instrução futura sobre as matérias específicas; por outro lado, a motivação do Formando na aprendizagem é normalmente melhorada pelo facto de este poder tomar contacto com realidades da sua vida profissional presente e futura. É frequente constatar-se que os Formandos, após uma visita de estudo bem preparada, incluindo uma logística de transportes e *"timings"* correctos, nos dias seguintes apresentam maior respeito pela formação manifestando-se com uma atenção e concentração melhorada nas matérias. Não obstante o lado positivo das visitas de estudo no âmbito da Formação Profissional, a experiência tem indicado que alguns factos negativos poderão também constatar-se quando não são assegurados pela Organização Formadora alguns aspectos ligados à logística apropriada e à devida informação prévia aos Formandos sobre o **objectivo da visita**. Uma visita de estudo no âmbito da formação profissional é algo que deve ser realizado de modo a cumprir com os requisitos essenciais de profissionalismo: pontualidade, logística apropriada incluindo transporte, recursos "*in loco*" organizados, sempre acompanhados do Formador com os conhecimentos específicos necessários.

Vejamos alguns casos:

– Uma visita de estudo foi preparada para Formandos em Acções de Formação relacionadas com Estações de Tratamento de Águas Residuais – sua operação e manutenção (ETARS). A visita foi previamente acordada com a Organização anfitriã para as 10:00 h de uma 4.ª feira do mês de Junho. A empresa de transportes foi contactada e contratada de seguida para ida e retorno nesse dia, com 30 lugares e na distância a percorrer de 150 Kms.

Os Formandos souberam desta visita com 8 dias de antecedência não lhes sendo transmitida pela Organização Formadora qualquer informação sobre os objectivos da visita. Foi-lhes no entanto informada a hora e o local de partida, não se referindo esta informação, ao serviço de refeições incluído na visita.

A visita foi efectuada, com a Organização anfitriã a prestar um serviço técnico-informativo da maior relevância e utilidade para os Formandos, os quais não estavam previamente "acordados" para o assunto em foco.

*Finda a visita às 13:45 verificou-se não existirem quaisquer planos para o serviço de refeições para qualquer das partes envolvidas, isto é, para obsequiar os técnicos da Organização anfitriã, condutor da Empresa transportadora, Formandos e bem assim o Formador acompanhante interno, este em serviço voluntário não remunerado. O resultado global desta visita, na óptica dos técnicos da Empresa anfitriã, dos Formandos e Formador foi a de apreço pelos ensinamentos transmitidos e recebidos e de **frustração e decepção para com a Organização Formadora** que não soube prever a preparação de uma refeição, embora ligeira, para os participantes após esta jornada de trabalho didáctico-pedagógico. Uma certa revolta dos Formandos e Formador foi notada nos dias de formação que se sucederam.*

Conclusão: As visitas de estudo, sua organização e logística devem ser eficazmente preparadas nos seus aspectos financeiros, de transmissão de apropriada informação aos Formandos e Formador, não esquecendo as boas relações públicas com a **Organização anfitriã**, como forma de gra-

> — *Uma Organização Formadora decidiu implementar diversas Acções de Formação numa determinada região do país com espaços (salas) destinadas a aulas teorico-práticas e laboratórios distanciados de 30 km entre eles. Os serviços administrativo-financeiros estavam localizados de modo aproximado equidistante dos respectivos espaços de formação. A Organização Formadora decidiu contratar um funcionário em tempo parcial para assistência ao Formador e Formandos para cada um destes locais.*
>
> *Estes contratos foram estabelecidos sem uma definição concreta de tarefas a exercer pelo funcionário incluindo as suas relações profissionais com o Formador e com o pessoal do escritório central. Foi entendido pelo funcionário que o seu serviço começava e terminava com a colocação das folhas de presença e sumário sobre a mesa do Formador.*
>
> *Em ocasiões diversas, quando se pedia ao funcionário para executar outras tarefas relacionadas com o funcionamento normal da sala, isto é, aprovisionar segurança dos equipamentos de formação, transportar material didáctico para a sala, ou comunicação com o escritório central em caso de faltas de aprovisionamento, estes pedidos eram recebidos pelo funcionário com alguma revolta, sendo esta apercebida pelo Formador e pelos Formandos. O simples despedimento e substituição do funcionário não era, nas circunstâncias, psicologicamente favorável à boa normalidade da formação nesta pequena localidade. Estava instalada uma situação que a não ser resolvida com certa harmonia iria causar alguma instabilidade na Formação específica.*

tidão e preparação para futuros apoios nestas iniciativas.

A harmonia de um programa de formação pode falhar por factores que só aparentemente são de menor importância. A logística da alocação de Recursos Humanos e a **definição efectiva das suas responsabilidades** é de crucial importância no desenrolar das operações de formação. O caso anteriormente citado foi factor de alguma perturbação durante o desenrolar da Acção.

AS TAREFAS NA ÁREA PEDAGÓGICA

A Coordenação Pedagógica das Acções de Formação é, paralelamente à Administração e Coordenação Financeira do Programa, pilar essencial da estrutura na Formação eficaz.

O Coordenador Pedagógico das Acções tem nas suas responsabilidades o dever de assegurar que o Programa pré-estabelecido funcione e que quaisquer desvios com origem externa ou interna sejam prontamente interpretados e corrigidos de modo a que o programa prossiga com a harmonia possível para que o objectivo final seja atingido.

A função principal do Coordenador Pedagógico é, evitar quaisquer disfunções de fundo que impossibilitem o desenvolvimento do Programa das matérias, previamente fixado, assegurando o controlo dos Recursos envolvidos no Programa em especial os Recursos Humanos. Neste contexto a ligação profissional do Coordenador com os Formadores e com os Formandos deve ser estabelecida com o melhor tacto e sensibilidade de modo a que os problemas que sempre vão aparecendo sejam equacionados e resolvidos atempadamente antecipando e prevenindo o surgimento de disrupções de fundo. O Coordenador deve ser conhecedor, pelo menos em termos generalistas, das matérias constituintes das Acções e preferencialmente deve mesmo possuir conhecimentos técnicos suficientes dentro destas matérias. Assim poderá estabelecer um diálogo mais profícuo e credível com os Formadores e com os Formandos em momentos próprios como seja nas reuniões periódicas que entretanto devem ser promovidas com as respectivas partes e no contexto do progresso do Programa.

O Coordenador Pedagógico deve ainda assegurar uma relação profissional em sintonia com os órgãos administrativo e financeiro de modo a que as suas necessidades de material didáctico, condições de operacionalidade das salas de formação, ambiente físico e outras, não esquecendo obviamente os pagamentos que na possibilidade, devem ser sempre atempados aos Formadores e quando aplicável aos Formandos. Estas condições são geralmente consideradas vitais para o sucesso do Programa e, a não serem verificadas, a probabilidade de insucesso é elevada.

Vejamos alguns exemplos de como *a inadequada Coordenação Pedagógica pode prejudicar o sucesso da Formação Profissional*:

– Numa certa Organização Formadora a Coordenação Pedagógica numa Acção de Formação sobre o ensino da língua inglesa para Técnicos de Engenharia Electromecânica e Electrónica no activo em empresas diversas, era assegurada por um indivíduo não completamente conhecedor da língua quer nos aspectos estruturais básicos quer no domínio dos termos técnicos aos quais os Formandos dedicavam atenção especial. O Formador, Eng.º Agrónomo de profissão não dominando também a "*gíria técnica*" profissional nas áreas da electromecânica em língua inglesa, tornava as aulas monótonas, repetitivas e transmitindo aos Formandos a ideia de desorientação com desvios frequentes do objectivo do módulo.

Durante uma sessão de formação, os Formandos abordaram o Formador nestes termos:

> *O Sr. Engenheiro, pese embora o seu muito esforço para nos transmitir os seus conhecimentos da língua inglesa ainda não nos convenceu da utilidade do nosso tempo despendido nestas aulas. E a razão é simples de explicar – enquanto o Sr. nos ensina regras gramaticais de valor e nos fornece vocabulário abundante na área da Agronomia e eventualmente alguns vocábulos relacionados com as alfaias agrícolas, o nosso objectivo aqui é a aprendizagem de um Inglês Técnico, prático, com razoabilidade das regras gramaticais da língua, mas tudo isto no campo da Electromecânica e da Electrónica. Nós não entendemos como a Organização Formadora, o Coordenador do Curso e finalmente o senhor ainda não chegaram a esta conclusão ao fim de 20 horas de um Curso com a duração total de 250 horas!*

Resposta da Coordenação do Curso após esta confrontação por parte dos Formandos:

> *Enquanto aceitamos e respeitamos a reclamação dos senhores Formandos sobre o assunto que foi por vós transmitido ao Sr. Eng.º F, gostaríamos de alguma compreensão sobre o nosso problema para resolver esta questão à qual temos sido sensíveis e nos temos, também nós, debruçado já há algum tempo.*

As Tarefas na Área Pedagógica

> *A verdade, é que no nosso planeamento contámos com um Formador de Inglês Técnico de profissão Eng.° Electrotécnico, que como sabem, desistiu no início da Formação. A nossa procura de um recurso equivalente neste conhecimento específico da Língua Inglesa foi infrutífera, restando-nos apenas a solução que conhecem, que também tem o seu mérito, embora não ajustado às vossas necessidades e ao objectivo do módulo conforme definido.*
>
> *Resolvemos por tudo isto, continuar até ao fim do módulo com o recurso que temos, dando novos materiais ao Formador de modo a que sejam introduzidos durante as aulas vocábulos na vossa área de trabalho. Esperamos de vós a melhor compreensão e necessitamos de vós, doravante posterior "feedback" sobre a situação.*

Esta é muitas vezes a solução adoptada entre nós para resolver problemas. Desculpem e tenham também paciência!

Neste caso a Organização deverá pensar 3 vezes antes de implementar um Curso desta natureza, ponderando factores como:

1. Recursos Humanos disponíveis e competentes para usar como Formador. (Recurso necessário mais importante no contexto da matéria acima citada).

2. Traçado de objectivos bem definidos sobre o que se pretende atingir no módulo específico. Alguns exemplos de objectivos são os seguintes:
   - ✓ Ensinar os Formandos a ler manuais técnicos em áreas tecnológicas da Electromecânica e Electrónica, Tratamentos Térmicos de Metais, Programas Informáticos, etc.
   - ✓ Ensinar a leitura da regulamentação Técnica afecta a áreas específicas.
   - ✓ Desenvolver as capacidades dos Formandos para a leitura e conversação em Inglês nas áreas específicas.

3. Qual o perfil de Formador que mais interessa à Organização e aos Formandos?

4. Quais as alternativas locais para a Organização em caso de desistência do Formador? Professores do Ensino Secundário credenciados na Formação são existentes no local?

Vejamos um caso onde a Organização Formadora poderia ter optimizado efectivamente os seus recursos e, não o fazendo, deu origem a consideráveis frustrações no desenvolvimento da Acção respectiva:

> – Enquanto prosseguia uma Acção de Formação no domínio da Informática, o Formador, depois de ter ensinado alguma teoria fundamental sobre a interacção Formando/Computador e explicado alguns princípios subjacentes ao uso dos Programas mais utilizados, deixava os Formandos (2 em cada computador) entregues a si mesmos, exigindo-lhes no final algum trabalho impresso conforme definido. Pouco tempo era dispensado pelo Formador para incentivar ou ajudar os Formandos a ultrapassar dificuldades no desenvolvimento da sua aprendizagem.
> A reacção dos Formandos, passadas algumas semanas de Formação, não se fez esperar! – ... começaram a faltar às aulas reduzindo-se o número de Formandos activos a metade.

Acção tomada pela Organização Formadora:

Entrevistar Formandos e Formador, individualmente para se aperceber do que se passava neste processo.

Respostas unânimes:

Formandos:

1) Frustração ao fim de cada sessão pelo facto de não conseguirem realizar o trabalho pedido, nem sentirem o esforço do Formador para os ajudar.
2) "*Feeling*" de perda de tempo pós-laboral no fim de cada jornada diária de trabalho.

Formador:

1) Não entendia a má vontade manifesta no esforço dos Formandos, demonstrada na não execução do trabalho que entretanto lhes pedia.
2) Declarou ainda que os moderados atrasos nos pagamentos pela entidade Formadora "lhe criavam mal-estar e sérios problemas a resolver na sua vida pessoal". Sentia, por isso, um *feeling* de crescente frustração.

O Formador, neste caso, após a resolução dos seus problemas com a Organização, foi substituído por outro profissional Formador. Eis neste exemplo (caso real) também um acontecimento típico no nosso país em matéria de Formação de Adultos. Os Formandos, não tendo nada a perder com as reclamações, fazem-nas por norma abertamente e muitas vezes com razão suficiente. Pelo contrário, os quadros das Organizações incluindo Formadores externos, reagem muitas vezes friamente, sem coragem suficiente para colocarem os seus problemas e angústias atempadamente, com prejuízos elevados para todo o desenvolvimento harmónico dos programas Formativos. Neste contexto e neste caso específico, os atrasos de pagamento, que têm muitas vezes origem nas Organizações Financiadoras Estatais, podem causar imensas frustrações em todo o processo Formativo, não só nos Formadores e Formandos como nos órgãos responsáveis pelas Organizações ou Empresas Formadoras respectivas. Esta é uma questão abordada no final deste livro na esperança de que possa contribuir para alguma melhoria nas relações Organismos Financiadores/Organizações e Empresas Formadoras, de modo a criar-se no Estado Português entidades cada vez mais eficazes, eficientes e verdadeiramente responsáveis na Formação Profissional, a bem de um desenvolvimento integrado e funcionalmente harmónico do país a favor da melhoria da função nobre que é a Formação Profissional.

A NECESSIDADE
DE COMUNICAR EFICAZMENTE

— Nos Cursos de Formação Profissional de média e longa duração, isto é, Cursos com carga horária superior a 800 horas, é norma corrente que esteja incluído no Programa de Curso uma porção considerável deste tempo destinada à Integração pessoal do Formando no ambiente laboral. Neste contexto, matérias como a Comunicação Técnica Escrita e Verbal, a Deontologia nas Relações Laborais e o Inglês Técnico fazem normalmente parte de um todo Formativo que, nos dias de hoje, é de importância não inferior ao restante conteúdo das matérias específicas. A importância destas matérias é particularmente útil ao Formando no mercado de trabalho procurando uma nova Empresa, Instituição ou mesmo tentando fixar-se por "conta própria". O modo como o indivíduo se apresenta ao mundo do trabalho é cada vez mais determinante do seu sucesso profissional. A população portuguesa e em particular a Sociedade Empresarial, que há duas dezenas de anos atrás não se manifestava com grande sensibilidade para apreciar o valor da boa comunicação interpessoal, está, por força das circunstâncias da integração Europeia, cada vez mais atenta, embora ainda não suficiente, a este importante factor de progresso social e profissional.

O Formador moderno deve estar atento a estas mudanças de sensibilidade nas Empresas e populações para melhor poder servir, de algum modo, de modelo formativo nesta nova e necessária atitude na transmissão da palavra.

Vejamos um exemplo de interacção Formando/Formador onde o pedido de esclarecimento pelo Formando se fazia de um modo concreto e revestindo-se da maior pertinência.

— "Na Empresa onde trabalho, depois da minha promoção a chefe de equipa, já são 3 vezes que me dirijo ao meu Chefe de Departamento, por escrito, a pedir mais um ajudante, sem o qual o meu trabalho está condenado a falhar, mas nem resposta obtenho, verbal ou escrita".

Resposta do Formador:

Parece haver aí apenas 3 hipóteses a considerar:
1.° O seu chefe está muitíssimo ocupado com outras tarefas, não conseguindo tempo para entender as suas dificuldades na execução de um trabalho mais eficaz no seu sector.
2.° Os relatórios que escreve não estão suficientemente inteligíveis para que o seu chefe possa entender, e avaliar a urgência na resolução do problema.
3.° O assunto não se reveste de interesse para o leitor.

Colocadas estas questões pelo Formador, o Formando apresentou-lhe uma das três cópias da comunicação, enviadas ao seu chefe, onde se podia ler:

"Exmo. Sr. F. – Chefe de Departamento de Manutenção e Obras.
Escrevo-lhe uma vez mais para manifestar o meu desagrado pela não resposta ao meu pedido de admissão de mais uma pessoa ajudante para os trabalhos de manutenção eléctrica da fábrica. Cada vez que somos chamados aos locais para resolver os problemas que vão surgindo, demoramos muito tempo nas reparações porque apenas tenho 1 electricista ao serviço. Há avarias nos equipamentos de produção onde pelo menos 2 electricistas deverão estar presentes em simultâneo.
Aguardo mais uma vez a resposta a este meu pedido.
Cumprimentos
João Paciência
Rio Verde, 03 de Maio de 2004".

Formador:

Penso que você poderá ter aqui um problema de comunicação. Faço-lhe alguns reparos à sua carta.
1.° Pode ser lida e interpretada com alguma pressão inicial e também com alguma frustração quando diz que "Escrevo-lhe uma vez mais para manifestar desagrado". Esta forma de expressão pode encontrar algum "choque" inicial por parte do leitor.
2.° Não apresenta o seu problema com detalhe suficiente para ser entendido desde o início, com inteligibilidade suficiente para precipitar uma rápida resolução.

> *A comunicação eficaz ao seu chefe, compreendido que foi o seu problema, **poderá** fazer-se*
> *Ao Exmo Sr. F. – Chefe de Departamento de Manutenção e Obras*
> *Divisão de Produção e Manutenção*
>
> *Rio Verde, 2004/Maio/07*
>
> *REF.ª: Necessidade de admissão de*
> *1 Ajudante Electricista*
>
> *Exmo. Sr. F.*
> *Chamo uma vez mais a sua atenção para o facto de termos na minha secção falta de mais um funcionário, para de um modo mais eficaz, resolvermos as avarias eléctricas, sobretudo no apoio às máquinas de produção. Como é do seu conhecimento as nossas máquinas de corte têm de 20 a 28 anos de uso e as avarias são cada vez mais frequentes, obrigando-nos a cada vez mais intervenções curativas de carácter urgente. Este trabalho terá que ser sempre acompanhado de medidas preventivas como a verificação do funcionamento dos relés de protecção e controlo. Neste trabalho há conveniência da presença de 1 electricista + 1 ajudante por motivos de urgência na reposição das máquinas em operação.*
> *Para que possamos melhor atender as chamadas do nosso Departamento de produção em relação às avarias, necessitamos de admitir um Electricista ajudante a quem futuramente eu próprio proporcionaria devido treino aplicado às nossas necessidades.*
> *Penso que com uma oferta de salário na ordem dos € 800,00 poderemos ter a pessoa certa.*
> *Aguardo com interesse a sua resposta*
> *Com os meus cumprimentos*
>
> *João Paciência*

Este caso evidencia o que frequentemente acontece na comunicação técnica entre funcionário e superiores hierárquicos nas Empresas e Instituições. São inúmeros os casos de problemas laborais com origem na má comunicação. Mal entendidos, frustrações, revolta, etc. porque as mensagens escritas (ou orais) não foram dirigidas de modo inteligível e muitas vezes até não são dirigidas de modo a cativar o apreço do ponto de vista pessoal(*)'.

(*)' Para os leitores com necessidade de melhorar o aperfeiçoamento nestes assuntos poderão ler "Melhor Comunicação Técnica Mais Desenvolvimento Pessoal" – de J. Martins dos Santos – Editora Piaget – 2003.

Não só a comunicação escrita poderá ser uma "arma" para o melhor ou para o pior nas relações profissionais. Também a Comunicação Oral é objecto da maior importância nas Relações de Trabalho.

Vejamos noutro caso da área laboral onde as relações profissionais e até pessoais se deterioraram pelo motivo de má comunicação oral entre o Funcionário e o Chefe de Departamento, durante uma reunião da Empresa:

A reunião iniciou-se com agenda pré-estabelecida onde o assunto dominante era o de se proceder ao contrato de adicionais funcionários destinados a apoiar a linha produtiva no sector de moldados, de modo a obter-se mais e melhor produção.

Enquanto o Chefe de Departamento expunha aos restantes funcionários a necessidade de aquisição deste pessoal (5 posições) pedindo ao respectivo chefe do sector que procedesse à reorganização respectiva para o enquadramento dos mesmos, um dos funcionários da linha produtiva, após o pronunciamento de alguns sons indefinidos, levantou-se para apresentar o seu protesto sobre as actuais remunerações praticadas pela Empresa. O Chefe de Departamento decidiu-se por fazer um breve momento de silêncio seguido de algumas perguntas ao funcionário:

A conversa entre os 2 indivíduos estabeleceu-se como segue:

Chefe – *"Parece-me que o senhor F, ou **não** leu a nossa Agenda para a reunião ou se a leu não a entendeu muito bem. Assim não chegamos hoje ao fim nem a lado nenhum".*

Funcionário – *Eu penso que já entendi tudo apesar de não ter lido a Agenda. Pelas suas palavras, para aumentar a quantidade e qualidade produtiva apenas existe uma solução, que é a de contratar pessoal. Eu gostaria de, hoje aqui, apresentar-lhe outras soluções: Promover, pela 1.ª vez na Empresa, um **Programa de Formação Profissional para os funcionários da linha de produção** e, de seguida, rever os salários que já não são revistos há cerca de 3 anos!*

Chefe de Departamento, *após alguns breves momentos de silêncio: Quaisquer que sejam as suas razões, deve pensar que uma Agenda é para cumprir e as reuniões servem para se concluir algo com base nessa Agenda!*

Funcionário – *Esperamos que na próxima vez possamos ter algum "input" nestas Agendas. Talvez que com o nosso contributo nestas reuniões as soluções possam ter mais do que uma opção!*

No final, o chefe de Departamento confidenciou algum mérito na interacção do Funcionário:

"*É evidente que uma reunião de trabalho para introduzir novos caminhos nos circuitos, neste caso, da linha produtiva, deve ser preparada com a ajuda dos intervenientes. Neste caso, mesmo tendo gerado algum desconforto para mim próprio, Chefe de Departamento, reconheço que a intervenção do funcionário, embora fora da Agenda, tinha valor e por isso as suas ideias acabaram por ser consideradas, dilatando o prazo contratual dos novos funcionários*".

É muitas vezes também assim na **Formação Profissional**.

Os Gestores e Coordenadores do Programa deverão reunir periodicamente com os Formadores, tendo o cuidado de preparar com estes, novos rumos antes de introduzir novas ideias de fundo sobre eventuais mudanças no Programa.

A Formação Profissional eficaz tem muito de interpretação dinâmica na evolução dos factos e menos de definições aprioristicas. Não se desvaloriza nesta afirmação a necessidade de se definirem critérios e objectivos "*à priori*" que constituirão o alicerce do Programa. Contudo, a Organização Formadora deve estar preparada para, ao longo do Programa e **na medida em que melhor conhece os Formandos e os Formadores** introduzir novas variáveis, traçar novas pequenas metas, que conduzam as Acções ao **objectivo final** de um modo mais **eficaz** do ponto de vista da qualidade do ensino, e da **eficiência** no tocante à optimização de custos de todo o processo.

FORMAS E PROCESSOS DE AVALIAÇÃO DA FORMAÇÃO

Como dizia M. C. Linn *"Innovations in the Curriculum fail to persist unless they are reflected in similar innovations in testing"*(*)', a experiência mostra que qualquer inovação que se pretenda introduzir na Formação Profissional em matérias curriculares, acabará em insucesso se não for acompanhada de novas técnicas de avaliação dos Formandos. De facto, as formas e processos usados na avaliação dos Formandos, e, no devido tempo, dos Formadores, é de crucial importância nos resultados a adquirir nas Acções de Formação Profissional.

A base estruturante das Formas e Processos de Avaliação deve ser definida na fase de Planeamento do Programa. Contudo, os Gestores do Programa devem estar preparados para introduzir os necessários ajustamentos na medida em que a formação prossegue, as dificuldades surgem, a personalidade dos Formandos e Formadores se revela com mais clareza e, finalmente, o **comportamento do grupo** se torna mais definido.

A Avaliação da Formação envolve quatro aspectos na sequência das fases de observação, apreciação e classificação, que são:

(1) Avaliação dos valores dos Formandos pelo Formador em tudo o que implica mais valias adquiridas pela Formação.
(2) Avaliação dos valores e competências dos Formadores pelos Formandos enquanto relevantes da capacidade daqueles na transmissão dos conhecimentos.
(3) Avaliação dos Formadores pelos Gestores do Programa confirmando as capacidades daqueles, com base em medidas de referência, técnica e pedagógica.

(*)' M. C. Linn em Conferência sobre Formação – 16-19 Janeiro, 1986 – University of California, Berkeley.

(4) Avaliação do Programa na sua globalidade pela Entidade financiadora do mesmo, confirmando (ou não) a sua utilidade enquanto instrumento enriquecedor do índice de produtividade humana e do património cultural do grupo social implicado.

O **objectivo** da Avaliação de conhecimentos reveste-se de três pontos principais:
- ✓ Introdução de um mecanismo pedagógico capaz de detectar a eficácia (ou ineficácia) na aprendizagem do Formando e/ou do grupo.
- ✓ Actuação atempada, através dos meios apropriados, sobre eventuais desvios na aprendizagem com a introdução de "*feedback*" ao Formando de modo a melhorar não só a sua aprendizagem na matéria específica como também a melhoria da sua capacidade de aprender (aprender a aprender).
- ✓ Estabelecer um termo de referência e comparativo capaz de classificar e quantificar as mais valias adquiridas na aprendizagem pelo Formando ao longo do Programa Formativo.

O trabalho de Avaliação para ter valor utilitário deve, assim, constituir-se num esforço contínuo, ora estimulando ora corrigindo, capaz de melhorar a aprendizagem no seu sentido global. É um processo de motivação contínuo. A Avaliação nos tempos actuais rejeita assim o modelo rígido, tradicional, da **justiça** pela **justiça**, medindo e julgando o Formando nos testes, nos exames, ou em quaisquer outras provas, com aferição apenas na fase final ou faseada do Programa.

O trabalho da Avaliação, embora não possa dispensar o lado quantitativo, e portanto uma aferição das mais valias adquiridas através de um exame escrito ou prova oral, não se deve, por outro lado, restringir-se apenas a esta tarefa. O primeiro objectivo é sempre o de alcançar a melhoria na aprendizagem.

Quer o Gestor quer o Formador Profissional devem estar muito atentos à tarefa da Avaliação do Formando para, na fase final decidir não só da capacidade do Formando nas matérias que cursou, mas também noutras matérias que poderá acompanhar com sucesso no seu desenvolvimento profissional.

Uma observação avaliativa cuidada pode, denotar atempadamente, falhas importantes na aprendizagem do Formando e evitar-lhe frustrações, que possam eventualmente provocar-lhe a desistência do curso. A Organização pode ter um papel muito útil, através da avaliação, no sentido do encaminhamento do Formando para o melhor da sua carreira profissional.

Vejamos um caso de observação atempada de má aprendizagem do Formando:

> *Num Curso de Formação Profissional na área tecnológica de electromecânica, foi pedido aos Formandos, no Laboratório, para realizarem algumas medições com base nas explicações teóricas, dadas em sala de aula, sobre as mesmas matérias.*
>
> *Embora o Laboratório se encontrasse equipado com suficientes instrumentos de medida, os Formandos não conseguiram realizar qualquer dos trabalhos pedidos, os quais se resumiam ao cálculo dos consumos de energia eléctrica dos equipamentos existentes no Laboratório, após medição das tensões e correntes eléctricas que percorriam os condutores de alimentação dos mesmos.*
>
> *Decidiu o Formador indagar se existia falta de motivação nestes Formandos no que se refere às componentes experimentais de base teórica. Caso existisse esta falta de motivação ou mesmo aversão dos Formandos a este tipo de experimentação qual seria a razão desta atitude?*
>
> *Tomando como base um circuito eléctrico elementar, com uma fonte de tensão alternada, uma resistência, uma bobina e uma lâmpada, pediu o Formador a estes Formandos que determinassem algumas grandezas associadas a este circuito, como a tensão exacta de alimentação, corrente eléctrica e factor de potência. Seguidamente pediu-lhes que calculassem a energia total dissipada neste circuito ao fim de 2 horas. Para este efeito, o Formador preparou uma folha/questionário para ser preenchido pelos Formandos, reservando um espaço a comentários sobre as dificuldades encontradas nas tarefas pedidas.*
>
> *Preenchido o questionário, o Formador decidiu apresentar o 2.º questionário, agora com questões relacionadas com a aplicação da Lei de Joule, diferença de conceitos entre Potência e Energia, Factor de potência do circuito, etc.*
>
> *Tendo analisado estes resultados em pormenor, o Formador concluiu que os Formandos não teriam aprendido as explicações teóricas, apenas decorando as leis sem qualquer ligação à sua utilização laboratorial.*
>
> *Neste caso ficou também claro que o estado psicológico inicial dos Formandos não era apenas de sentirem dificuldades mas de grande frustração por não conseguirem ligação entre a aprendizagem teórica e a consequente aplicação prática. Foram-lhes pedidos trabalhos para os quais não estavam devidamente ensinados nem preparados para a sua realização. O Formador sentiu-se culpado nesta situação.*

Conclusão:

A não compreensão do que se pede para realizar é caminho aberto à frustração psicológica do executante Formando. A Formação Profissional exercida de modo eficaz e útil pode abrir o caminho do sucesso ao Formando, quando tem como tónica fundamental a clareza e a objectividade das ideias com a demonstração da sua praticabilidade.

O processo de Avaliação na Formação Profissional deve ser sempre um processo contínuo e não o contrário.

Quais as fases por onde deve passar a Formação Profissional no que se refere às Formas e Processos de Avaliação?

As Formas e os Processos utilizados na Avaliação da Formação Profissional devem ter como objectivo principal o de corrigir desajustes na aprendizagem do Formando face ao conteúdo das matérias do Curso e também ao ambiente pedagógico e didáctico em que é inserido. Nesta observação global aprendizagem/adversidade o Formador deve exercer a sua função com a melhor atenção e eficácia. Na maioria dos casos, os Formandos abandonavam o sistema formal educativo por razões de desmotivações. Poderão contudo ter desistido da continuação da escola por razões de trabalho, por razões familiares, de desajuste ou de falta de estímulo intelectual. Estes mesmos sujeitos procuram na Formação Profissional compensação nos resultados negativos ou incompletos obtidos no passado. Procuram muitas vezes a compensação de um vazio sentido ao nível do estímulo promocional que, sem dúvida, a Formação Profissional pode preencher. Por todas estas razões o Processo de Avaliação a implementar nos dias de hoje não será aquele que se aplicou no passado, isto é, restringir-se a fazer selecção entre aptos e inaptos. O Formador deve estar atento às novas realidades procurando, através da Avaliação **recuperar, quando necessário, o Formando** dentro das suas possibilidades, e antes da eventual classificação final de inapto, por hipótese. É óbvio que será também através do Processo Contínuo da Avaliação que o Formador poderá detectar talentos de nível elevado e conseguir elevar o "rankings" da mediania à suficiência ou à excelência. Não sendo este um Mundo onde os super-dotados tenham direitos superiores ao cidadão comum, é certo que quando se verifica a sua existência, estes indivíduos têm pelo menos o direito ao reconhecimento e a apoios especiais.

São vários os processos de detecção de desajustes ou de talentos de elevado potencial na aprendizagem dos Formandos. É na **transversali-**

dade e/ou na **longitudinalidade** da apreciação que se conseguem captar melhor estas situações. A escolha de um ou outro processo depende de vários factores, sobretudo das matérias em questão, da classe de Formandos quanto a aspectos de personalidade no que se refere a inibição/desinibição e da discrepância de resultados verificados.

Vejamos um exemplo:

Luis, Formador Profissional com vasta experiência pedagógica colocou os seus Formandos numa discussão sobre um tema pré-seleccionado sobre Relações Públicas na actividade turística. Após cerca de uma hora de debate entre Formandos notou que apenas 1/3 destes participavam na partilha de ideias sobre o tema que incidia na atitude a tomar perante turistas da Comunidade Europeia com diversos "background" culturais coabitantes na mesma aldeia turística.

Após esta constatação, o Formador dirigiu-se aos Formandos menos activos na discussão, pedindo participação mais alargada. Um dos Formandos não participativos responde do seguinte modo:

> *Senhor Formador, não posso participar nesta discussão porque sinto-me inferiorizado aqui e não vejo qualquer interesse em que o senhor promova actividades destas antes de nos dar uma "visão" mais alargada dos aspectos culturais e éticos existentes nos diferentes países da Comunidade Europeia. Eu, embora conhecedor de mais duas línguas além do Português, nunca saí deste país e no entanto estou convicto de que a minha vida profissional será na actividade hoteleira e turística. Necessito de uma formação profissional que me "levante" do ponto onde me encontro para outro em que me sinta mais seguro e tudo isto sem serem necessários recursos financeiros para viagens ao estrangeiro, que felizmente muitos dos meus colegas já conseguiram.*

O Formador não esperando esta observação, e após alguma reflexão concluiu:

> *"Na nossa tendência de tudo avaliar sem muitas vezes reflectir, somos levados frequentemente a julgar acções, atitudes, palavras, etc. que não correspondem minimamente a uma realidade. Muitas vezes para se terem ideias claras acerca do indivíduo Formando nas suas diversas facetas é necessária a **observação na sua longitudinalidade** versus **transversalidade** que apenas nos*

dá a entender diferenças de capacidade entre indivíduos. A avaliação dos aspectos mais transversais de conduta em grupo tem melhor utilidade quando a observação longitudinal já teve lugar, isto é, se seguiu a evolução individual através do tempo. "Não há melhor ajuda para o caminho a percorrer do que quando se estuda previamente o traçado do itinerário".

Tivesse tido este Formador conhecimento de que 1/3 dos seus Formandos nunca saíram do país, e que também ainda não lhes tinham sido ensinados aspectos éticos multiculturais, dentro da própria Comunidade Europeia, não teria certamente, colocado todos, em simultâneo, na discussão sobre a interacção intercultural apropriada para os turistas multiculturais em questão.

Vejamos outro exemplo onde o Processo Avaliativo não teria sido o mais aconselhado:

Num dos módulos de uma Acção de Formação para Técnicos Electricistas de Equipamentos de Automação e Servomecanismos pedia-se aos Formandos em Laboratório que tirassem algumas medidas aos consumos de energia dos equipamentos eléctricos antes de serem usados os mecanismos de automação para reduzir esses mesmos consumos de energia. Tinha este trabalho o interesse da demonstração da utilidade da Automação na redução dos consumos de energia eléctrica e consequentemente da redução dos custos da factura mensal.

Durante esta experiência laboratorial, o Formador notou que a maioria dos Formandos não tomava qualquer iniciativa na realização do trabalho muito embora todos os equipamentos de teste, medidores, cabos de ligação e acessórios estivessem ao seu dispor nas respectivas bancadas de trabalho.

O Formador decidiu chamar os Formandos mais hesitantes para indagar o que se passava nestas circunstâncias.

Após conversa com os Formandos e depois de receber a resposta a um questionário escrito com algumas perguntas pertinentes, o Formador concluiu que este grupo de Formandos não se sentia minimamente motivado pelo facto de não entenderem em teoria o que se lhes estava pedindo.

Reflectindo sobre o assunto, concluiu o Formador que a falta residia na ausência de conhecimentos dos Formandos em matérias de índole teórica, como cálculos simples de perdas de potência joule, determinação da energia consumida, de correntes eléctricas nos equipamentos em função da sua potência. Todas estas matérias pertenciam ao âmbito das aulas teórico-práticas em sala de aula, o que entretanto teria sido leccionado e não assimilado pelos Formandos na generalidade. Durante as aulas teórico-práticas, o Formador, não se apercebendo da não compreensão destes conteúdos por parte de alguns Formandos, prosseguiu o leccionamento das matérias até ao momento da sua aplicação onde tudo ficou a claro, isto é, a frustração de alguns dos Formandos no momento da aplicação prática dos conhecimentos deveu-se ao facto de se lhes pedir algo que não tinham suficientemente entendido.

Mais tarde, em conversa com este Formador, concluiu-se, por palavras suas: "Na Formação Profissional nunca se deve pedir algum trabalho especializado a alguém sem que se lhes tenham sido administrados os conhecimentos teóricos mínimos no âmbito das matérias respectivas. É para isso mesmo que a Formação deve existir. E prosseguiu ... Não faz sentido a Formação Profissional sem que o Formador se aplique efectivamente na Avaliação Contínua dos Formandos". Para este Formador o facto de não ter observado e avaliado em sala de aula e em contínuo as capacidades teóricas dos seus Formandos, sobretudo nas Leis fundamentais da Electricidade, custou-lhe alguns dissabores durante as sessões de aplicação laboratorial.

Conclusão: O Formador Moderno **deve**, para além das suas desejáveis qualidades técnico-científicas, ser um permanente observador da capacidade dos receptores em captar os ensinamentos.

Os exemplos acima indicam que os **Métodos** e **Processos** de Avaliação necessitam de ser, por um lado, devidamente planeados no início da Formação com a definição clara de critérios e por outro suficientemente flexíveis para se poderem ajustar às circunstâncias da realidade dos Formandos a que se dirigem.

É determinante que os Métodos e Processos da Avaliação sejam adequados ao Curso e aos Formandos para que a eficácia da Formação seja verificada. É através da Avaliação e seus métodos e processos que se pode recuperar os **Formandos** menos **motivados** e explorar efectivamente as potencialidades natas eventualmente esquecidas ou ignoradas.

Desde a última metade do século passado que os Métodos e Processos de Avaliação, e sua extrema utilidade, não passam despercebidos nos países hoje desenvolvidos. Tem-se evoluído desde os testes mais ou menos mecanizados (EUA, 1900-1930) até ao período presente (era da profissionalização) em que se vai, neste processo, muito mais além na Avaliação do que os simples testes para aprovar ou desaprovar o Formando. O processo evolutivo da Avaliação conduziu a três paradigmas geralmente aceites para situar o Formando no processo formativo:

1) **Paradigma Behaviorista** que acenta na atitude comportamental e atitudinal do Formando em observação.
2) **Paradigma Psicométrico** que tem em vista situar o Formando em zonas psicologicamente pré-definidas e que assenta em testes e medições aplicadas.
3) **Paradigma Cognitivista** que incide sobretudo na avaliação qualitativa e quantitativa dos conhecimentos adquiridos pelo Formando ao longo da Formação. É neste paradigma que assentam a maior parte dos Métodos e Processos de Avaliação hoje em prática.

Os Paradigmas valem por si e as realidades Formativas têm-nos ensinado que nos tempos em que vivemos, com todas as exigências da "**era da profissionalização**", torna-se necessário a existência de certa integridade e acerto em matérias de Avaliação, para que o resultado final seja positivo. Por exemplo, o Formador pode ser levado a concentrar-se em excesso na área comportamental e atitudinal do Formando com a observação atenta das suas qualidades de vontade, pontualidade, disciplina, etc., e no entanto, poder estar em presença de um caso, ou casos, com reduzidas capacidades de desenvolvimento e assimilação de conhecimentos. O contrário é também muito frequente; tendo o Formando uma boa capacidade de aprendizagem, discernimento e até apetência para a inovação, sendo no entanto um indivíduo sem objectivo definido, que não respeita pontualidade temporal, ou que não respeita nem aceita hierarquias no trabalho. Nos dias de hoje, qualquer que seja o nível profissional do indivíduo, para a sua progressão na vida deve atender a duas componentes vitais do seu sucesso, isto é, a vertente profissional e a vertente pessoal/ético/comportamental. É nesta direcção que se deve dirigir qualquer Programa Formativo. Os Métodos e Processos de Avaliação, devem considerar o indivíduo como um todo quanto às necessidades para realização profissional e também enquanto pessoa, encaminhando-o para estilos comportamentais e éticos que o levem ao sucesso global.

TÉCNICAS DE AVALIAÇÃO

Em tudo o que atrás foi mencionado, sobre Métodos e Processos na Avaliação está implícito que para se interpretarem resultados é necessário proceder-se à recolha apropriada de dados. Neste caso falamos de **Técnicas usadas na Avaliação** das quais nos servimos para a recolha dos parâmetros com maior significância nos resultados finais.

As **grelhas de avaliação** podem ser concebidas para dois objectivos distintos:

1) Grelha de Avaliação longitudinal do Formando.
2) Grelha de Avaliação transversal do desempenho dos Formandos.

1. Grelha de Avaliação Longitudinal

Muitas vezes este tipo de avaliação não está claramente definido no planeamento do Curso e é deixado ao critério do Formador para implementá-lo de acordo com as características pessoais e profissionais do grupo de Formandos.

Indica-se a seguir um caso como exemplo de aplicação de uma grelha de Avaliação Longitudinal:

> *Dois dos catorze Formandos de um Curso para Operadores de ETAR (Estações de Tratamento de Águas Residuais) denotavam, no início do Curso ausência total de conhecimentos mínimos de física e química para prosseguirem a Formação sem que causassem consideráveis embaraços quer ao Formador, quer aos restantes colegas. Com efeito, numa das sessões formativas, quando o Formando questionava o grupo sobre os seus conhecimentos relacionados com a constituição de uma molécula de água pura, um dos dois Formandos, após a exibição de um sorriso demonstrando alguma perplexidade, disse:*

> *"Senhor Formador, se nos quer aqui para um Curso de Técnicos de ETAR é melhor começar por nos explicar o que vai ser esperado de nós na ETAR para que a água saia mais limpa do que aquela que entrou".*
>
> *Enquanto isto, o segundo Formando (Fábio) não preparado para o Curso adicionava:*
>
> *"Penso que o meu colega está certo! Nós não vimos aqui para aprender química nem física, vimos sim para aprender a retirar o sujo das águas e conseguir a água mais limpa possível".*
>
> *Mediante estas observações, o Formador mostrando um ar surpreendido, retorquiu:*
>
> *Então diga-me o Formando Fábio o que entende por água limpa? ....*
>
> *A conversa seguinte foi longa mas sem qualquer possibilidade de se adquirirem resultados pedagógicos. O problema a resolver aqui não se apresentando de fácil resolução tinha alguma profundidade ...... e esta assentava na falta de conhecimento mínimo para a frequência deste Curso por parte dos dois Formandos em questão.*
>
> *Não fora a grande "batalha" do Formador, no sentido de resolver esta questão pela melhor forma, estes indivíduos teriam iniciado um processo de frustração pessoal e levado a classe e o Formador à mesma situação.*
>
> *Com efeito, o Formador iniciou 3 sessões especiais com apenas estes 2 Formandos para lhes explicar os rudimentos da química das águas, incluindo aspectos da constituição molecular das substâncias, particularmente da água e de alguns ácidos e bases alcalinas.*
>
> *A seguir elaborou* **para toda a classe** *um questionário para implementação de Avaliação Longitudinal usando o Método Numérico tradicional.*

Processo de Avaliação Longitudinal (Modelo)

FORMANDO: A. M. S. – Idade 23 anos – Escolaridade: 9 anos
Curso: Técnicos Operadores de Estações de Tratamento de Águas Residuais (ETAR)

Meses / Módulos	Informática	Inglês Técnico	Química das Águas	Tratamento Aerobico	Tratamento Anaerobico	Operação de Equipamentos	Manutenção de Motores Eléctricos	Bombagem	Observações
J.	1	1	1	3	3	4	2	5	Evolução: • Atitude – A
F.	1	1	1	4	4	4	3	5	• Aprendizagem – B
M.	2	1	2	4	4	4	3	5	• Capacidade de realização – A
A.	2	2	2	4	4	4	3	5	Evolução: • Atitude – B
M.	–	–	–	–	–	–	–	–	• Aprendizagem – B
J.	–	–	–	–	–	–	–	–	• Capacidade de realização – B
Jl.	–	–	–	–	–	–	–	–	
Ag.	–	–	–	–	–	–	–	–	—
Set.	–	–	–	–	–	–	–	–	
Out.	–	–	–	–	–	–	–	–	
Nov.	–	–	–	–	–	–	–	–	
Dez.	–	–	–	–	–	–	–	–	
MÉDIAS	–	–	–	–	–	–	–	–	—

LEGENDA :	
Classificação Técnica de 1 a 5:	Evolução Comportamental:
1 – fraco	A – n/satisfaz
2 – fraco +	B – Satisfaz.
3 – suf.	
4 – bom	
5 – m/bom	

Quadro 1 – Processo de Avaliação longitudinal.

2. Grelha de Avaliação Transversal

As técnicas de Avaliação Transversal têm sido ajustadas aos modos de viver e de pensar das Sociedades Ocidentais ao longo dos tempos. Métodos alicerçados nos Paradigmas Behaviorista, Psicométrico, Cognitivista têm surgido até ao "período da profissionalização" em que hoje vivemos. Neste processo evolutivo, apareceram os "testes" como instrumento capaz de ao longo de um determinado período de instrução se poder obter dados do grupo na transversalidade dos conhecimentos adquiridos. Contudo, apontam-se algumas críticas a esta metodologia entre as quais se destacam:

- São modos de avaliação cuja iniciativa é exterior ao Formando.
- Promovem a memorização das matérias em detrimento do conhecimento mais profundo e reflexivo.
- Causam "stress" e ansiedade.
- Não acrescentam muito mais àquilo que o Formador já conhece acerca do Formando.

Cabe à Entidade Formadora e ao Formador em particular, explorar ao máximo as vantagens da Avaliação transversal quando realizada pelo método dos testes, evitando quanto possível as suas desvantagens.

Processo de Avaliação Transversal (Modelo)

Curso: Técnicos Operadores de Estações de Tratamento de Águas Residuais (ETAR)

FORMANDOS (nomes)	Infor-mática	Inglês Técnico	Química das Águas	Tratamento Aerobico	Tratamento Anaerobico	Operação de Equipamentos	Manutenção de Motores Eléctricos	Bombagem	MÉDIA	ATITUDE EM GRUPO
AMS	2	3	3	4	5	5	5	4	4	B
LST	2	2	2	1	1	5	2	5	3	B
TAR	2	1	2	2	2	3	4	5	2	B
MMO	2	2	3	3	3	3	4	5	3	A
JMS	3	4	4	5	5	5	5	5	5	B
AMN	3	2	1	1	1	1	4	4	2	B
MSP	4	3	2	1	1	2	2	2	2	A
JTM	4	4	4	5	5	5	5	5	5	B
TAO	5	5	2	2	3	3	4	5	4	A
Mês/Ano	\multicolumn{9}{c}{Maio/2004}	

LEGENDA :	
Classificação Técnica de 1 a 5:	Atitude em Grupo:
1 – fraco	A – n/satisfaz
2 – fraco +	B – Satisfaz.
3 – suf.	
4 – bom	
5 – m/bom	

Quadro 2 – Processo de Avaliação Transversal.

Por razões estatísticas e portanto relevante para as Organizações promotoras da Formação, os resultados adquiridos na Formação poderão ser expressos quantitativamente com maior significância recorrendo-se ao método matemático estatístico de cálculo de alguns parâmetros de interesse como:

– Média, Mediana, Moda, Variância e Desvio Padrão.(*)'

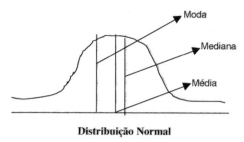

Distribuição Normal

Aplicado este Método ao caso anterior apresentado no Quadro N.º. 2 ter-se-ia:

$$\text{Média Geral do Curso} = \frac{\Sigma \text{ Médias}}{\text{N}^\circ \text{ de Participantes}} = \frac{30}{9} = 3,3$$

Mediana = Este valor ocupa o lugar central de uma distribuição depois de ordenados os valores desta, de forma crescente ou decrescente.
Exemplo da distribuição (quadro 3):
2 22 33 44 55. Aplicando-se a fórmula $X_{(n/2)} + 0,5$ em que n representa o número de classificações, tem-se para a posição da mediana o seguinte valor $X_{(9/2)} + 0,5 = 5$. Assim, o valor da Mediana deve estar entre a posição 5 e a posição 6 na distribuição ou seja, o seu valor será de $3 + 0,5 \times (4-3) = 3 + 0,5 = 3,5$.
O valor Med é indicativo, neste exemplo, que metade das classificações está abaixo do valor 3,5.

Moda = 2 (valor da classificação mais repetida na distribuição).

Variância $(\sigma^2) = \Sigma \dfrac{\left(xi - \overline{x}\right)^2}{N}$ em que Xi = valor atribuído a cada Formando
$\overline{X}$ é o valor médio da distribuição.

Desvio Padrão $(\sigma) = \sqrt{\sigma^2}$

(*)' Grandezas estatísticas da Distribuição Normal.

O desenvolvimento do cálculo dos parâmetros σ e σ^2 é apresentado no quadro seguinte. Estes valores dão indicação sobre a dispersão das notas, neste caso dos Formandos, em torno do seu valor médio. Na apreciação global do Curso deve ser notado que no caso, $\frac{6}{9} = 0,66$ (66%) dos Formandos apresentam-se com atitude positiva isto é, ≥ média na aprendizagem.

Quadro 3 – Cálculo de Variância e Desvio Padrão (Modelo)

Nome dos Formandos	Classificação Atribuída (x_i)	Média Geral do Curso $(\bar{x})$	$(x_i - \bar{x})^2$	N = 9
AMS	4	3,3	$0,7^2 = 0,49$	----
LST	3	3,3	$(-0,3)^2 = 0,09$	----
TAR	2	3,3	$(-1,3)^2 = 1,69$	----
MMO	3	3,3	$(-0,3)^2 = 0,09$	----
JMS	5	3,3	$(1,7)^2 = 2,89$	----
AMS	2	3,3	$(-1,3)^2 = 1,69$	----
MSP	2	3,3	$(-1,3)^2 = 1,69$	----
JTN	5	3,3	$(1,7)^2 = 2,89$	----
TAO	4	3,3	$(1,7)^2 = 2,89$	----
TOTAIS	----	----	$\Sigma (x_i - \bar{x})^2 = 14,41$	----
VARIÂNCIA			$(\sigma^2) = \Sigma \frac{(x_i - \bar{x})^2}{N} = 1,6$	
DESVIO PADRÃO			$(\sigma) = \sqrt{\sigma^2} = \sqrt{1,6} = 1,26$	

A AVALIAÇÃO E A INTERPRETAÇÃO DOS RESULTADOS

Existem de facto duas vertentes distintas na Avaliação da Formação. Uma, com valor **estatístico** de inegável valor para a Organização Formadora e, se aplicável, também para a Organização/Instituição Financiadora das Acções. Outra, para o **Formando enquanto recipiente da Formação** que deseja, para além do *"feedback"* que a Avaliação qualitativa lhe deve proporcionar, a aplicação de um critério justo na quantificação das suas mais-valias de conhecimentos adquiridos ao longo do percurso formativo em que se empenhara.

Do ponto de vista da Organização Formadora os resultados finais do conjunto dos seus Formandos têm também um significado de grande valor já que poderá, de forma quantitativa avaliar e medir a **Eficiência** e a **Eficácia**(*)' do trabalho desenvolvido pelo corpo Pedagógico e Administrativo, incluindo o desempenho dos Formadores. É a partir da interpretação destes dados que as Organizações responsáveis pela Formação poderão corrigir factores menos positivos que eventualmente obstaram a um melhor desempenho, servindo de guia para futuros Programas. **Sobretudo, nas Acções Formativas de média e/ou longa duração é praticamente impossível não poder fazer-se melhor para a próxima!...** torna-se necessário e imprescindível a reavaliação dos recursos colocados em jogo na Acção, isto é, **Recursos Humanos, Materiais e Financeiros** usados durante as Acções ora terminadas. São inúmeros os exemplos em que os Recursos disponíveis mal utilizados ou em que a sua aplicação não foi suficiente, prejudicou marcadamente um desempenho que poderia ter sido

---

(*)' **Eficiência** – Custo Total da Formação/N.º de Formandos × horas de duração da Acção.

Eficácia – Nível de desempenho adquirido na concretização dos objectivos previamente traçados.

mais brilhante, pese embora o facto da Organização se ter, eventualmente, **empenhado com muito esforço na concretização**.

A seguir indicam-se alguns exemplos sobre a aplicação inadequada de recursos durante as Acções. Apontam-se para estes casos algumas tomadas de decisão correctiva possíveis que se poderão usar para obviar insucessos. Em todos estes exemplos se ressalvam as condições específicas e pontuais que o leitor deverá observar antes de adoptar as resoluções aqui tomadas.

Caso 1

Durante uma Acção de Formação numa área tecnológica, uma minoria de Formandos não verdadeiramente interessados no Curso foram, ao longo do tempo de Formação, manifestando o seu desinteresse com interrupções despropositadas em sala de aula, sem que os Formadores respectivos actuassem sobre estas condutas (e assim o fizeram também os seus colegas, por razões óbvias de não pretenderem criar uma situação de litígio).

No final, dois destes desmotivados Formandos decidiram não comparecer às aulas, não desistindo todavia de reclamar no final do Curso, os seus diplomas com classificação positiva. A situação decorreu nas seguintes circunstâncias:

— Num Curso de Formação para técnicos auxiliares de Estações de Tratamento de Águas de consumo urbano (ETA), foi constatado um caso de relevante interesse para discussão, primeiro por ser pouco frequente, segundo por revelar causas íntimas nos indivíduos em litígio, muitas vezes ocultas ao Formador e actuando no sentido contrário ao prosseguimento dos seus próprios objectivos e ambições.

Num grupo de 14 indivíduos Formandos, maioritariamente empenhados, encontravam-se Joaquim e Antónia que embora demonstrando ao longo do Curso de 450 horas boa capacidade na aprendizagem e até alguns talentos de relevo para o desempenho de futuras funções neste campo, traziam ao Formador sérias dificuldades na Avaliação Final por indicarem nas suas condutas específicas (semelhantes em ambos) falta de consistência, sobretudo em ausências (faltas) e também por denotarem, por vezes, falta de consideração para com o Formador e até para com os seus colegas.

> *Com efeito, Joaquim atingia no final do Curso um número de faltas quase insustentável para a Empresa Formadora. Por outro lado, na persistente tendência para a manipulação das discussões técnicas a seu favor, menosprezava os colegas menos dotados na matéria (grupo heterogéneo em conhecimentos básicos) o que não seria de tolerar pelo Formador mas que com alguma paciência activa e até competência profissional se ia esforçando para resolver esta situação. Por outro lado, Antónia embora dotada de razoável inteligência e alguma perspicácia na aprendizagem ia gradualmente desviando os conteúdos em discussão na aula para outros temas, com prejuízo da atenção e concentração de toda a classe. De facto Antónia parecia não estar convicta da sua futura profissão como Técnica de ETAS, fazendo do presente Curso mais um entretenimento do que propriamente um trabalho sério de preparação da sua vida profissional futura.*
>
> *Entretanto, quer o trabalho do Formador quer a aprendizagem dos restantes Formandos estavam seriamente abalados no que concerne a* **Eficácia e Eficiência** *da Formação.*

– Neste exemplo podemos concluir da necessidade de o Formador actuar antecipadamente sempre que se verifiquem situações que possam levar ao mau funcionamento das aulas.

Concretamente, neste caso, a situação presente não deveria ter chegado onde chegou. O Formador perdeu a oportunidade de conversar individualmente com cada um dos dois Formandos desviantes do comportamento normal que deve caracterizar uma sala de aula, fazendo-os reflectir sobre toda a carga negativa que as suas atitudes traziam a eles próprios, aos colegas, ao Formador e à Organização. Esta medida não foi tomada atempadamente, redundando em acrescida frustração nos próprios Formandos.

«O "feeling" de alguém que se sente ignorado é cem vezes pior do que o de ser repreendido com justa causa»

> **Obs:** *Esta situação poderá servir para o Formador solicitar aos seus Formandos, como exercício, a exposição das suas próprias ideias contributivas para a resolução desta situação envolvendo:*
> *1 – Analise o caso com comentários sobre a situação com definição tão clara quanto possível de responsabilidades.*
> *2 – Medidas a tomar para a resolução deste problema a favor do cumprimento dos objectivos previamente traçados.*

Caso 2

Vejamos um outro exemplo em que a interacção Formador/Formandos não foi efectiva por falta de intervenção atempada. Desta vez, não por falta na conduta dos Formandos, mas por deficiência na atenção que deveria ter sido prestada ao grau de entendimento dos Formandos sobre as matérias ensinadas em sala de aula.

> *– Integrados numa série de actividades de um Curso de Ar Condicionado os Formandos foram solicitados a calcular os consumos de energia dos equipamentos eléctricos existentes no próprio laboratório onde executavam alguns trabalhos.*

> *Relacionado com as matérias práticas ensinadas, o Formador decidiu elaborar algumas experimentações no Laboratório pedindo aos Formandos a formação de grupos de 3 e, mediante as folhas com a descrição de cada trabalho, dar início às experiências.*
> *Os trabalhos eram diferenciados constando de medidas térmicas (temperaturas e humidades relativas do ar) e eléctricas (consumos de energia) numa câmara de "frio".*
> *Após considerável período de tempo, reparou o Formador que alguns dos Formandos não realizavam qualquer trabalho deixando entender que não estavam minimamente instruídos sobre estas matérias.*
> *Surpreendido, o Formador, fazendo algumas entrevistas a estes Formandos pediu-lhes a resposta a um questionário especificamente elaborado para o efeito, notando que os Formandos em causa não entendiam o que se lhes pedia por deficiências na aprendizagem das matérias. Embora constatando o facto, o Formador nada fez para a correcção desta situação.*
> *A frustração "instalou-se" de tal modo que dois dos Formandos pediram a desistência do Curso (apesar de estarem na sua recta final), e só dificilmente foram demovidos por sua própria concordância.*

Conclusão:

A não compreensão do que se pede para realizar, é caminho aberto à frustração do executante. Neste caso quer o Formando, que deveria ter manifestado no início o seu descontentamento, quer o Formador pela sua desatenção, estão em falta.

Neste caso, o Formador deveria ter prestado mais atenção à compreensão da teoria por parte dos Formandos. A interacção para a prova da compreensão dos conteúdos deve ser antecipada, isto é, na Formação Profissional deve ser realizado um questionário **individual** escrito ou oral, imediatamente a seguir aos respectivos capítulos. Este método permite prosseguir o trabalho formativo com a confiança necessária nos trabalhos práticos a realizar.

Na situação presente, não foi esse o caminho seguido pelo Formador e, como resultado, acabou por enfrentar dificuldades até em compreender plenamente as razões que levaram à desmotivação do grupo no laboratório.

No seu trabalho o Formador deve ter sempre presente a trilogia **pare**, **olhe** *e* **escute** *em distinção do que é normal "pare, escute e olhe". Neste contexto a Formação é como se de um comboio especial, não ruidoso se tratasse: olhe primeiro e escute depois.*

Caso 3

Frequentemente a admissão de Formandos no mesmo Curso com graus diferentes de educação de base e também de motivação e interesse por um objectivo a atingir, traz enormes complicações ao regular funcionamento das sessões de formação e consequentemente à própria Organização Formadora.

Vejamos um exemplo durante um Curso de longa duração em que 3 dos 15 Formandos rejeitavam as aulas de informática (parte curricular da Acção), por não terem tido qualquer preparação, incluindo a terminologia informática criando mesmo situações de manifesta frustração e revolta perante o Formador e seus colegas Formandos.

João e Luis, embora com motivação acima da média em todos os outros módulos do Curso de Frio Industrial opunham-se ao módulo de Informática, com um *"feeling"* de inferioridade a qualquer tentativa do Formador em explicar-lhes os programas (mesmo até, na utilização do teclado para escrever uma carta num simples Word/Windows). O Curso foi avançando até que chegou o momento para a Avaliação. Obviamente, estes Formandos não podiam realizar provas sobre a matéria e decidiram desistir do Curso a 2/3 do tempo do seu termo. Não satisfeitos com o desfecho e sentindo-se frustrados com a situação, decidiram expor por escrito à Organização Formadora as suas razões da desistência do Curso como segue:

> *"Exmos. Senhores;*
> *Como Vs. Exas. já se aperceberam, as nossas desistências não só poderão ter efeito negativo na vossa Gestão do Curso como foi para nós também uma pura perda de tempo criando-nos um "feeling" de imensa frustração. Queremos deixar claro a Vs. Exas. que imputamos à Vs. Organização toda a responsabilidade deste desfecho e passamos a explicar-vos porquê:*
> *1.° Se na classe dos Formandos existia heterogeneidade nos conhecimentos mínimos em informática, este facto deveria ter sido detectado pelo Formador nas primeiras lições. Assim sendo, a Organização deveria ter providenciado de alguma forma para que aulas extras, ou integração num outro Curso a nível elementar de Informática fosse efectivado a nosso favor. (Como Vs. Exas. poderão verificar temos classificações <u>acima da média</u> em todos os outros módulos desta Acção de Formação), logo não será esta situação devida a menor grau de inteligência ou motivação em geral).*
> *2.° Não fazendo o que a nós nos parece ter sido a solução acertada, exigimos a Vs. Exas, que nos seja passado o diploma final do Curso com aprovação, certamente atribuindo um valor mínimo à nossa contribuição no módulo de Informática. Outra opção e devolvelverem-nos as quantias pagas na sua totalidade.*

A situação aqui apresentada é de muito difícil resolução para a Organização Formadora porquanto não existe razoabilidade quer na exigência dos Formandos, principalmente na passagem no Módulo sem provas prestadas. <u>De facto, as medidas que deveriam ter sido tomadas em devido tempo pela Organização Formadora não o foram</u>.

> **Obs:** *Deixa-se também aqui em aberto esta difícil situação para análise e reflexão na sala de aula durante um Módulo Formativo sobre Avaliação.*

<u>Caso 4</u>

Durante um Curso de Gestão da Formação onde os Formandos eram constituídos por indivíduos, maioritariamente com Cursos Universitários, muitos destes com experiência na área formativa, foram criadas situações de considerável embaraço para a Organização Formadora, devido a falhas do *forum* pedagógico no que concerne a planificação e no modo de implementação do Curso.

Com efeito, Micaela, Joaquim e Alberto após a realização da primeira Avaliação, descontentes com as classificações que lhes foram atribuídas, decidiram reunir com a Organização, manifestar os seus "pontos de vista" e justificar o seu descontentamento.

A reunião decorreu como segue:

> *Sr. Director, apresentamos-lhe o nosso descontentamento com o Curso e também com as classificações atribuídas e pelas as seguintes razões:*
> *1.° Não nos foi distribuída no início qualquer informação com suficiente pormenor das matérias constituintes e sua sequência (percurso formativo). A gravidade desta situação é que sentimos não ter recebido a instrução formativa que antecipámos quando nos inscrevemos no Curso. A razão por que não apresentámos mais cedo esta reclamação é que, dados os títulos anunciados, fomos confiando que as matérias seriam mais consentâneas com os nossos interesses.*
> *2.° Durante as sessões nos vários módulos não fomos, numa base contínua interrogados sobre a nossa compreensão das matérias leccionadas. Os Formadores aparecem-nos no final das sessões interrogando-nos sobre temas que não nos fizeram chegar com ênfase e transparência suficientes para serem considerados partes vitais das matérias ensinadas.*
>
> *Assim sendo, queremos afirmar a Vs. Exas. que não fomos considerados como pessoas intelectualmente e profissionalmente já desenvolvidas e que apenas pretendíamos uma actualização que sonhámos ser eficaz e não foi.*
> *Acrescentamos que, mau grado as deficiências encontradas neste Curso, exigimos uma revisão às classificações atribuídas de modo a sairmos daqui com uma classificação dignificante dos nossos valores residuais.*

Resposta dos responsáveis presentes:

> *Iremos ponderar as vossas pretensões e dar-lhes-emos uma resposta dentro de oito dias úteis.*
>
> **Obs:** *Este será também um caso com interesse para discussão entre Formador e Formandos numa sessão formativa na área em foco.*

Alguns comentários sobre este caso:

> Durante a 1.ª sessão dos Cursos, a distribuição dos percursos formativos com os detalhes das matérias julgadas suficientes são não só desejáveis para os Formandos, como é um dever de qualquer Organização Formadora proceder a tal distribuição. O Formando deverá, desde o 1.º dia formar uma ideia razoável sobre as matérias que vai abordar e a sua sequência. Esta informação é vital para o acompanhamento das matérias e sua aprendizagem, assim como para se manter motivado face aos **objectivos** que pretende alcançar com a Formação.

Caso 5

Este caso apresenta uma faceta de sucesso na Formação Profissional, durante uma Acção no Campo Tecnológico, mercê da imaginação, estilo e competência pedagógica da Organização Formadora e dos Formadores em geral, o qual terminou com elogios unânimes de um grupo de 15 Formandos sobre os resultados dos seus esforços, resumindo-se em benefícios pessoais e profissionais dos intervenientes.

Esta Acção de Formação, de longa duração, na Área do Frio Industrial e Ar Condicionado, incorporava, além das matérias específicas tecnológicas também alguns módulos de integração pessoal no trabalho, matérias aliás hoje obrigatórias em Cursos de Formação de média e longa duração. As matérias de integração pessoal no trabalho são leccionadas em módulos denominados:

1) deontologia nas relações de trabalho,
2) comunicação técnica escrita e oral,
3) inglês técnico
4) informática na óptica do utilizador.

As matérias tecnológicas são constituídas em módulos denominados:

1) Princípios de termodinâmica aplicada às máquinas de "frio";
2) Funcionamento das máquinas de "frio" e de ar condicionado;
3) Funcionamento dos motores eléctricos e aparelhagem de protecção;

4) Funcionamento dos instrumentos de medida e automatismos aplicados às máquinas de "frio" e do ar condicionado;
5) Regulamentos nacionais e comunitários aplicados aos fluidos frigorigénicos aplicados aos sistemas de "frio";
6) Regulamentos em vigor aplicáveis à gestão dos sistemas AVAC (aquecimento, ventilação e ar condicionado) nos Edifícios, e a função do Operador dos Sistemas;
7) Processos de Manutenção dos sistemas de Frio Industrial e do Ar Condicionado e a função do Operador de Manutenção.

A Organização e o seu corpo Pedagógico deliberou aplicar, respeitando o cumprimento dos ensinamentos das matérias atrás versadas, um estilo em sala de aula em simultâneo com sessões práticas consequentes, método este ainda pouco aplicado entre nós (Portugal). Este trabalho formativo consistiu basicamente em tudo começar com uma finalidade (objectivo) bem visível.

Exemplifica-se:

1) Pretendeu-se explicar o significado de deontologia profissional começando por analisar os prejuízos causados ao trabalhador e ao empregador pela falta de cumprimento de regras.
2) Começou por explicar-se as matérias de Comunicação escrita e oral apresentando-se um caso onde a falta de conhecimento nestas matérias estava causando grandes dificuldades à Empresa e ao desenvolvimento pessoal e profissional dos trabalhadores.
3) As matérias sobre Inglês técnico foram ensinadas a partir da demonstração das dificuldades na resolução de uma avaria, no equipamento de frio e ar condicionado, pelo facto de o operador não conseguir consultar minimamente o manual técnico do equipamento, escrito na língua inglesa. Demonstração do inverso, isto é, a facilidade após a aprendizagem das respectivas matérias.

A termodinâmica aplicada aos sistemas de "frio" foi explicada a partir do reconhecimento pelo operador que não conseguiu, à partida, ver a importância do bom funcionamento do compressor no ciclo de produção de "frio", ou de uma simples avaria na válvula de expansão no sistema, quando se pretende arrefecer grandes espaços ou criar mais baixas temperaturas nas câmaras frigoríficas.

...... E assim sucessivamente os Formandos foram ganhando **consciência das suas dificuldades profissionais**, assim como do valor aumentado das suas competências ao aplicarem-se no Curso.

O êxito desta experiência, aliás não nova em alguns países desenvolvidos em matéria de Formação Profissional, conduziu à satisfação plena dos Formandos neste Curso incluindo os critérios seguidos pelo Formador na Avaliação Final. Este critério, de simples conceito, baseou-se na **observação contínua** sobre o modo como o Formando saía das situações mais difíceis e as narrava quer por escrito quer oralmente.

Um método de Avaliação concisa e apropriada pode contribuir decisivamente para a Eficácia e Eficiência no desenvolvimento de um Programa de Formação Profissional.

Nos exemplos anteriormente citados são evidenciados alguns aspectos negativos e positivos que um processo de Avaliação em forma e em estilo pode trazer a todo o processo formativo.

Sem dúvida, na formação de Adultos é o processo de Avaliação Contínua que deve prevalecer. A Avaliação final sem ser precedida por pequenos testes, em forma oral ou escrita, vem criar no Formando um *"feeling"* de surpresa, o qual é normalmente rejeitado por este por duas razões:

1. Não teve qualquer *"feedback"* anteriormente sobre o seu conhecimento ou desconhecimento das matérias que intuitivamente julgava conhecer.
2. Por não ter tido "feedback" à priori, não teve oportunidade de melhoria das suas classificações no Curso, facto este a que qualquer adulto motivado gosta de aceder.

A seguir são indicados alguns exemplos de como a Avaliação Contínua se poderá realizar servindo este método também para "solidificar" as matérias entretanto versadas.

1 – **Avaliação elementar por Emparelhamento**. Este método consiste em apresentar 2 conjuntos de termos para que o Formando possa relacionar o par que melhor corresponde a um conhecimento correcto da matéria, constituindo assim para o Formando o que se chama em idioma inglês o "brain storming" (forte chamada de atenção).

Exemplo 1 – *Termos Eléctricos Elementares*
(Fazer corresponder com uma seta o par mais correcto).

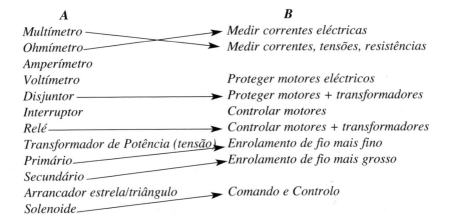

Exemplo 2 – *Termos Mecânicos Elementares*
(Fazer corresponder com uma seta o par mais correcto).

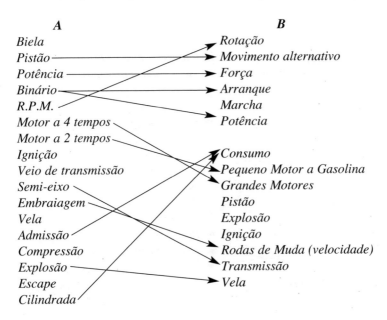

Exemplo 3 – *Termos Elementares sobre Economia*
(Fazer corresponder com uma seta o par mais correcto).

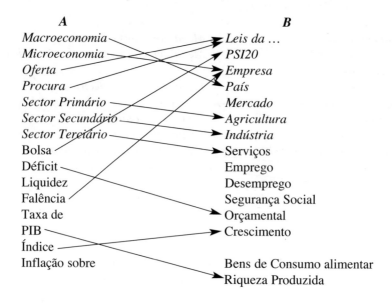

Exemplo 4 – *Termos Elementares sobre Energia*
(Fazer corresponder com uma seta o par mais correcto).

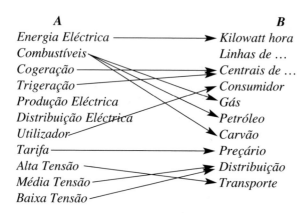

Exemplo 5 – *Termos Elementares sobre Ambiente*
(Fazer corresponder com uma seta o par mais correcto).

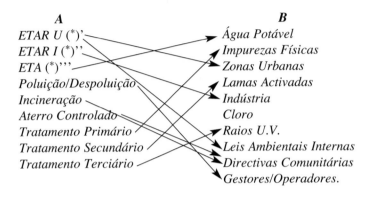

Outros modos de apreciação avaliativa contínua dos Formandos poderão ser aplicados satisfazendo em simultâneo a confirmação da efectiva aprendizagem dos Formandos ao mesmo tempo que os mesmos são chamados a "refrescar" os seus conhecimentos sobre os assuntos mais vitais do Curso. Este é sem dúvida um método eficaz para a motivação permanente dos visados.

2. Avaliação Contínua por Observação Dedutiva

Consiste este método em provocar no Formando uma situação mental dedutiva face a uma ou mais possibilidades de sucesso e várias de insucesso.

(*)' Estação de Tratamento de Águas Residuais Urbanas.
(*)'' Estação de Tratamento de Águas Residuais Industriais.
(*)''' Estação de Tratamento de Água Potável.

Exemplo 1

Os Formandos são solicitados a responder, de modo breve a algumas questões de escolha múltipla:

Formando selecciona a resposta correcta	Qual a formula que mais se adequa à área da: **Esfera, Trapézio, Triângulo, Círculo.**
≤ Esf.	πR^2
P Circ.	$\dfrac{\pi D^2}{4}$ ou πR^2
≤ Trap.	$\dfrac{4}{3}\pi R^3$
≤ Tri.	$\left(\dfrac{B+b}{2}\right) \times h$
≤ Esf.	$\dfrac{\pi \times D^2}{4}$
P Trap.	$\left(\dfrac{B+b}{2}\right) \times h$
P Tria.	$\left(\dfrac{B \times b}{2}\right)$
P Esf.	$4\pi R^2$

Exemplo 2

Durante uma sessão de um Módulo num Curso (Acção) de **Formação de Formadores** foi colocada uma lista de prioridades na hierarquia do que constitui qualidades essenciais ao Formador. Os Formandos respondem segundo os seus critérios em concordância com as matérias leccionadas.

Ordem prioritária 1 – grau mais elevado, etc.	Qualidades essenciais do Formador
1	Pontualidade
2	Competência Técnica
3	Conduta Humana irrepreensível
4	Afabilidade
5	Exigência
6	Aplicação ao Trabalho
7	Relacionamento estável
8	Criador de Espírito de Equipa
9	Bom Comunicador
10	Tolerância para os desvios dos Formandos
11	Autoconfiança
12	Sentido Ético irrepreensível
13	Pragmático e responsável pelas suas tomadas de atitude
14	Aplicado à Avaliação Contínua
15	Trabalho incessante na sala de aula.

Respostas: ☐1 ☐2 ☐3 ☐4 ☐5 ☐6 ☐7 ☐8 ☐9 ☐10 ☐11 ☐12 ☐13 ☐14 ☐15

Assinalar a Ordem Prioritária sequencial

Os exemplos explicativos da Avaliação Continua atrás citados que terão de certo a vantagem da sua **rapidez de execução** e também da manutenção permanente de um estado de espírito motivante nos formandos, terá também os seus pontos negativos que se podem resumir a:

1) Possibilidade de escolha aleatória pelo Formando.
2) Não é possível ao Formando expressar com rigor a sua opinião sobre a questão, não sendo por isso, no contexto, um método criativo.
3) Exige do Formador trabalho incessante na revisão das matérias, o que poderá atrasar avanços nos novos conteúdos programáticos.

O Formador poderá no entanto optar por um Método de Avaliação contínua com menor frequência mas com a vantagem de colmatar alguns dos inconvenientes acima citados.

Vejamos como o poderá exercer através de uma grelha de Avaliação que **poderá ser executada mensalmente (Curso de média/longa duração)**.

GRELHAS DE AVALIAÇÃO:

Este Método baseia-se na medida contínua da avaliação do Formando. Oferece ao Formador a progressão na aprendizagem do Formando de modo a poder intervir atempadamente a favor da sua melhoria.

Exemplo n.º 1
Grelha de Avaliação – Curso para Electricistas de Baixa Tensão (BT)

Ficha de Avaliação Contínua				
Nome do Formando : Abel S.....					
Curso: Electricista de Baixa Tensão		**Parte laboratorial / Prática Simulada**		
Pormenor de Execução		**Cumprimento de Tempos**	**Atitude**
Mês	Tarefa	Demonstração de conhecimentos (P, M, B, MB)	Atraso (h) Médio (h) Bom (h)	Esforço (P, S, Muito)
J	Medições de Resist. de Isolamentos	P	TE = 5 h A (8 horas)	S
F	Cálculo de Potência e Binário	M	TE = 2,5 h M (3 horas)	Muito
M	Instalação de Protecção Térmica	MB	TE = 2,5 h B (2,5 horas)	Muito
A	Instalação de cabos de ligação electrodoméstico	M	TE = 2,5 h A (4 horas)	P
M	Cálculo e selecção de cabo de ligação	B	TE = 2,5 h M (3 horas)	Muito
J	Instalação de Relé Electromagnético	M	TE = 2 h A (3 horas)	S
JL	Ligações e Arranque $\sum/\Delta$ Motor	P	TE = 1 h A (2 horas)	P
Ag.	Instalações de Iluminação de Sala	M	TE = 8 h B (8 horas)	Muito
Set.	Manutenção de 3 Motores Eléctricos	P	TE = 8 h B (8 horas)	Muito
Out.	Medições de terras de Protecção	M	TE = 8 h B (8 horas)	Muito
Nov	Manutenção de Transformadores	M	TE = 3 h B (3 horas)	Muito
Dezº.	Relatórios Escritos	MB	TE = 4 h / trabalho B (4 h / trabalho)	Muito

LEGENDA	
A = Atraso	P = Pouco
B = Bom	S = Suficiente
M = Médio	TE = Tempo estimado
MB = Muito Bom	

Nota Final: O Formando que serviu de exemplo está mais motivado para o cálculo e selecção de equipamentos e acessórios do que para Manutenção dos equipamentos.

A Avaliação e a Interpretação dos Resultados 75

Exemplo n.º 2
Grelha de Avaliação Contínua para Escritório/Dactilógrafo

Ficha de Avaliação Contínua

Nome do Formando : *Manuel B* . . . .

Curso: Escriturário / Dactilógrafo

Mês	Tarefa	Demonstração de conhecimentos (P, M, B, MB)	Tempo de Realização	Atitude/Esforço (P, M, S, B, MB)
J	A	M	TE = 1 h TR = B (1 hora)	MB
F	B	✓	✓	✓
M	C	✓	✓	✓
A	D	✓	✓	✓
M	E	✓	✓	✓
J	F	✓	✓	✓
JL	G	✓	✓	✓
Ag.	H	✓	✓	✓
Set.	I	✓	✓	✓
Out.	J	✓	✓	✓
Nov	L	✓	✓	✓
Dez.º	M	✓	✓	✓

LEGENDA

B = Bom	S = Suficiente
M = Médio	TE = Tempo estimado
MB = Muito Bom	TR = Tempo de realização da tarefa
P = Pouco	

Nota Final: Formando Motivado/N. Motivado para a tarefa específica ....
Demonstração de melhor talento para a tarefa de ....
Atitude – <u>Positiva/Média/Não Positiva</u>.

Exemplo n.º 3
Grelha de Avaliação Contínua para Mecânico Automóvel

Ficha de Avaliação Contínua					
Nome do Formando : *José S.*					
Curso: Mecânico Automóvel					
Prática Oficinal					
Mês	Tarefa	Demonstração de conhecimentos (P, M, B, MB)	Atraso (h) Médio (h) Bom (h)	Atitude/Esforço (P, M, S, B, MB)	
J	A	P	TE = 3 h A (5 h)	M	
F	B	P	TE = 5 h M (5,5 h)	Muito	
M	C	M	TE = 8 h B (8 h)	Muito	
A	D	M	TE = 5 h M (5,5 h)	Muito	
M	E	✓	✓	✓	
J	F	✓	✓	✓	
JL	G	✓	✓	✓	
Ag.	H	✓	✓	✓	
Set.	I	✓	✓	✓	
Out.	J	✓	✓	✓	
Nov	L	✓	✓	✓	
Dez°.	M	✓	✓	✓	

LEGENDA

A = Atraso	P = Pouco
B = Bom	S = Suficiente
M = Médio	TE = Tempo estimado
MB = Muito Bom	

Nota Final: Demonstração de talento do Formando mais acentuado nas tarefas de ....
Motivação – Média/Boa/Muito Boa
Atitude – Não Positiva/Média/Positiva

Índice de Eficácia na Avaliação e Responsabilidade Pedagógica

O Formador moderno suficientemente motivado no seu trabalho tem a dupla tarefa de observador em continuo da evolução do seu grupo de Formandos e a tarefa, não menos importante, de reportar sobre a evolução do grupo aos órgãos com responsabilidade Pedagógica, com a necessária precisão. Esta informação deve ser transmitida nos aspectos qualitativos e quantitativos, isto é, qual ou quais os factores que afectam a eficácia da aprendizagem, quantos são os Formandos em evolução positiva (ou não positiva) e qual o número de Formandos desmotivados.

A observância destes factos deve ser em contínuo, efectiva e proactiva, primeiro por parte do Formador, depois por parte de quem tem responsabilidade Pedagógica na Organização Formadora. Só com este trabalho dedicado, organizado e de qualidade poderá a Formação Profissional em Portugal tomar um novo rumo, que todos desejam, a bem da optimização e reorganização de recursos, para melhor produtividade e desenvolvimento do país.

O Índice de Eficácia e Eficiência do grupo ou grupos de Formandos poderá ser avaliado de um modo simples e com as devidas adaptações caso a caso, pelo modelo proposto por Pidgeon e Yate:

Avaliação do Índice de Eficácia e Eficiência de uma classe de Formandos:
1.º – Discretamente dividir o grupo em 3 ou 4 níveis de motivação e atitude perante a Acção. B (bom), M (médio) e F (fraco).
2.º – Para cada grupo formado calcular em % os melhores resultados obtidos em cada módulo, e a % de resultados médios e de fracos.
3.º – Proceder à distribuição de trabalhos práticos para teste de avaliação colocando as questões mais adaptadas aos melhores talentos de cada grupo. A finalidade é de incrementar o estado psicológico de confiança nos grupos mais fracos de modo a recuperá-los para "voos" mais altos !
4.º – Prosseguir com o mesmo método nos testes seguintes até que os grupos de Formandos atinjam a melhor uniformidade possível em conhecimentos e atitude.

É neste trabalho incessante por um lado, mas dignificante por outro, que o Formando, o Formador, a Organização e o próprio país sairão de um estado considerado de baixa Eficácia na Formação Profissional para outro estado com melhor aproveitamento de recursos que leve a maior produtividade laboral, que conduza a mais produção de riqueza e daí, mais felicidade económica no país. O contentamento e a satisfação pessoal das populações levam necessariamente a uma maior motivação profissional, tão necessária na actualidade para a **verdadeira modernidade**.

De um modo prático poderá afirmar-se que um inadequado processo de Avaliação do Formando pode dar origem a um erro pedagógico e didáctico irreversível para o sucesso quer do Formador no decorrer do seu trabalho quer para o Formando no processo de aprendizagem. Este facto explica-se pelo facto de a avaliação contínua do Formando ser entendida como uma "ferramenta" para o necessário conhecimento da sua evolução e daí a possibilidade do Formando poder fazer atempadamente as correcções possíveis. Isto quer dizer que o Formador deve aprender a tirar ilações sobre a aprendizagem dos Formandos face à sua própria *"performance"* enquanto tutor. A Avaliação Contínua mesmo que seja exercida de um modo menos profundo é sempre um processo útil à melhoria da aprendizagem. Muitas vezes em situações de avaliação de índole prática e simplista, pode tirar-se ilações sobre a concentração, o interesse e a motivação do Formando sobre o que está a acontecer na sala de aula ou no Laboratório em dado momento. É necessário incutir a ideia no Formando adulto trabalhador, que dedica à Formação as restantes e preciosas horas do dia, que o **tempo** que dedica ao seu próprio aperfeiçoamento **é um recurso não renovável** e portanto deve ser aproveitado ao máximo das suas potencialidades a favor do seu crescimento pessoal e profissional. Esta é a grande verdade universal para todos os **Recursos não Renováveis** como é o tempo: **Uma hora ou uma boa oportunidade mal aproveitada está irremediavelmente perdida para sempre!**

A AVALIAÇÃO FINAL DE UM PROGRAMA FORMATIVO

A recolha de dados, o método, a essência o "relatório tipo" a apresentar à/ˢ Instância/ˢ Promotora/ˢ das Acções

Quando terminam as Acções Formativas, deve existir um importante conjunto de dados disponíveis resultantes das múltiplas interacções Promotor/Organização/Formador/Formando os quais, devem ser interpretados por um lado de um modo global e por outro detalhado e rigoroso na especificidade. Em Formação promovida/financiada pelo Estado, é norma legal que a Avaliação Final seja realizada por entidade ou entidades acreditadas. Em Formação com financiamento próprio, conduzida internamente pela Empresa ou Organizações em geral, os mesmos dados devem ser interpretados para melhoria de iniciativas futuras.

Cada Organização ou sua Empresa de Formação mandatária terá um estilo próprio nesta abordagem e perante os caminhos seguidos durante o Percurso Formativo, com as facilidades ou dificuldades que enfrentaram no trabalho resultante do tipo de interacções humanas com que se debatem, justificam-se em grande medida os resultados finais apresentados num Relatório a entregar ao Promotor do Programa. Este Relatório deve indicar parâmetros essenciais e determinantes para análise, deve ser suficientemente transparente em tudo o que constituíu <u>sucessos</u> e <u>falhas</u> no Programa, envolvendo aspectos Pedagógicos, Didácticos, Administrativos e Financeiros.

Um Relatório Final de Avaliação de um Processo Formativo deve satisfazer essencialmente os seguintes requisitos:

1. Relatório escrito em estilo Semi-Formal. Constando de:
    1.1. Intróito com a descrição justificativa da necessidade para levar a cabo as Acções. Entidades Financiadora, Promotora

e Organizadora constando de montantes financeiros envolvidos, publicidade realizada, quadros técnico/administrativos envolvidos, n.º de Formadores e suas qualificações académicas e profissionais.

1.2. Desenvolvimento do trabalho Formativo constando de:
- Local de realização da Formação.
- N.º de Acções e seus conteúdos.
- N.º de Formandos envolvidos, classe etária, sexo, ocupação ao momento do início dos respectivos Cursos.
- Logística de espaços aplicados na Formação: Salas de Aula, Laboratórios, Visitas de Estudo decorrentes durante a Formação.

2. **Sucessos** e **Insucessos** verificados durante as Acções Formativas, designadamente:
- Dificuldades na obtenção do n.º de Formandos necessários.
- Participação, com referência ao n.º de Formandos assíduos, menos assíduos e desistentes.
- Causas detectadas para a desistência de alguns dos Formandos.
- Dificuldades na motivação dos participantes para a aprendizagem (objectivo).
- Grau de dificuldade na obtenção e retenção dos Formadores com formação adequada aos módulos respectivos.
- Dificuldades financeiras na Gestão do Processo e causas destas dificuldades.

3. Resultados obtidos constando de, essencialmente:
- N.º de Formandos com classificação suficiente e respectivos atributos numéricos (notas) em cada um dos módulos da Acção.
- N.º de Formandos sem classificação suficiente.
- N.º de Formandos desistentes em cada um dos módulos.

4. Impacte Social resultante das Acções, constando de:
- N.º de Formandos com sucesso no mercado de trabalho com base nas mais valias dos conhecimentos adquiridos na respectiva Acção.
- N.º de Empresas e seus nomes, interessadas nos Cursos implementados, para futura referência.

5. Conclusões incluindo recomendação para inserção de novos Cursos em futuros Programas.

Em Anexo:

1) Formas e Processos de Avaliação dos Formandos, constando de: Fichas de Avaliação Contínua com os respectivos Relatórios individuais dos Formandos onde seja visível a sua evolução desde o início da Acção.
2) Percurso Formativo constando da essência dos conteúdos programáticos e sua sequência na Formação.
3) Lista de Formadores completa com os curricula académico e profissional.

Os **Processos e Técnicas de Avaliação na Formação** exercem uma importância vital nos resultados finais de todo o Processo Formativo. Para o melhor e para o pior, os métodos e processos utilizados, a preparação dos responsáveis pela Coordenação Pedagógica e dos Formadores que levam a cabo esta tarefa é determinante na eficácia (cumprimento de objectivos) e na eficiência (racionalização de custos no cumprimento dos mesmos) de toda a Acção Formativa.

Na trilogia base do Programa envolvendo **Planeamento**, **Execução** e **Controlo** a atenção da Organização Formativa deve centrar-se em cada uma destas fases *per si*, visualizando possíveis falhas que impossibilitem o atingir do objectivo final. É na previsão e utilização racional de todos os recursos necessários ao Programa que se decidem os resultados finais. **O sucesso é sempre o resultado de um conjunto de pequenos passos, do esforço e diligências pessoais, da observação atenta ao que vai ao redor, da humildade suficiente na inter-relação humana e também do ingrediente sempre indissociável que é o de <u>saber ouvir</u> os intervenientes, respeitar opiniões e *decidir* com inteligência objectiva numa óptica de *racionalidade*.**

Um trabalho eficaz de Avaliação, aplicado aos Formandos envolvidos e ao conjunto de todas as operações constituintes da Acção após o seu *terminus* (Avaliação Final), deve sempre respeitar o grande objectivo da Acção, isto é, o de conseguir com o maior rigor os resultados qualitativos e quantitativos onde os Formandos respectivos obtenham com justiça a melhor representação das mais valias adquiridas e deste modo úteis para as suas vidas profissionais. Do lado da Organização Formadora é necessário que todas as operações Formativas para este fim se desenvolvam ao menor custo.

Em resumo, numa Acção Formativa deve pretender-se:

1) Formar para o desenvolvimento pessoal e profissional, isto é, para incrementar os saberes e os conhecimentos dos Formandos num contexto teórico-prático incidindo no utilitário através de explicações em sala de aula com equipamento próprio e/ou em experiências laboratoriais ou oficinais (caso dos Cursos se índole Tecnológica).
2) Formar no sentido de manter vivos e actualizados um conjunto de conhecimentos já existentes nos Formandos e dar-lhes "nova luz" para o acesso a outros saberes de modo a motivar e encorajar os segmentos da população adulta com idades mais ou menos avançadas, para o aperfeiçoamento e actualização, reforçando assim o sentimento do potencial utilitário de cada um.

A competência profissional *(praxis)* advém de um agregado de ensinamentos e aprendizagem individual de tal modo que o enriquecimento da pessoa se traduza em resultados positivos nos aspectos não só da realização específica das profissões mas também nos aspectos comportamentais e atitudinais, hoje muito importantes.

Em resumo, poderá afirmar-se que hoje em dia, para a realização integral da pessoa, os conhecimentos específicos da profissão *per si*, podem não ser suficientes. É necessário "crescer" pessoalmente em complementaridade. É deixado intencionalmente para o capítulo final deste livro, algumas considerações entendidas de valor, sobre como a Formação Profissional em Portugal se está realizando (ou não) e como esta se poderá "ver" de outro modo talvez mais utilitário, mais eficaz e eficiente para as populações afectas, tendo em vista não exclusivamente "o profissional" mas incutir em simultâneo no Formando aspectos fundamentais e actuais da cultura humanista possível.

Ao momento da realização deste livro, ouve-se que os Fundos Comunitários poderão ser reduzidos ou mesmo terminados para a Formação Profissional em Portugal em 2013. Os Cidadãos de Portugal devem no entanto lembrar-se sempre que nem só com os dinheiros Comunitários se resolvem problemas. O nosso grande desafio do momento é criarmos uma Cultura de auto-suficiência, de mais exigência interna, também na Formação Profissional, de modo a colmatarem-se algumas grandes falhas do passado como foi a calamitosa determinação do *terminus* das Escolas Industriais de cunho Profissional sem que fossem substituídas por outras melhores. É hoje premente o reactivar de uma Formação Profissional capaz de modernizar e equipar os profissionais de modo a incrementar o poder competitivo dos instrumentos produtivos nos mercados europeus e outros. O empregador quando se dirige ao mercado de trabalho pedindo profissionais em qualquer ramo quer contactar pessoas com certificados com significância. Nunca o contrário.

Está hoje na ordem do dia o estabelecimento de critérios uniformes europeus para a validação de diplomas Universitários e Politécnicos. As entidades competentes têm-se esquecido que, para existir competitividade laboral ao nível de todos os países comunitários, são necessários também critérios uniformes para a Formação Profissional de modo a que os Formandos que concluem os seus Cursos de Formação, também eles, possam competir nos diferentes países.

Este factor é dos mais relevantes e actuais para que a qualidade da Formação Profissional em Portugal deva ser revista e actualizada com a maior brevidade, quer em conteúdos quer na inserção das novas **técnicas e tecnologias de informação e comunicação**. A aprendizagem de outras línguas é de importância fundamental na complementaridade da Formação Profissional em Portugal.

A FORMAÇÃO PEDAGÓGICA DE FORMADORES – MÉTODOS, PROCESSOS E CONTEÚDOS NA PREPARAÇÃO EFICAZ

A Formação Pedagógica do Formador seja para o principiante ou para a renovação regulamentar das suas competências deve constituir uma aprendizagem sólida, como garantia de novos conhecimentos a adquirir. As funções do Formador devem ser exercidas com competências que transcendam as suas capacidades técnicas específicas, isto é, que o método pedagógico e didáctico esteja presente em todos os momentos das suas intervenções como instrutor. É portanto, um tipo de Formação que por um lado poderá ser considerado generalista, mas que terá necessariamente um objectivo bem definido que é o de um especialista na transmissão dos seus próprios conhecimentos de modo a que os Formandos os possam reter, nas circunstâncias o mais eficazmente possível.

O futuro Formador, durante o seu Programa Formativo, deve ser exposto à aprendizagem de Técnicas Modernas de Ensino, como modelo das futuras actividades, em que seja visível a sua competência técnica, o interesse pelo Formando enquanto recipiente da aprendizagem e sobretudo com a compreensão necessária das dificuldades cognitivas. A atitude de tolerância é frequentemente uma mais valia da maior importância na Formação. Por vezes parece evidente que aquilo que transmitimos está suficientemente claro a todos, o que, por razões ocultas, poderá não estar para algum ou alguns dos Formandos. Estas situações podem criar alguns desentendimentos entre Formador e Formando.

Como diria Horácio([*])': *"Nullius Addictus Jurare in Verba Masgistri"* (Não me sinto obrigado a jurar obediência às palavras do Mestre só por ser ele o Mestre).

([*])' Horácio – Poeta Latino (65-AC).

A preparação Pedagógica do Formador nos tempos modernos é um trabalho de relevo cada vez mais exigente e de grande amplitude de conhecimentos. Para cada sistema formativo onde vai ser inserido, existem especificidades a atender por vezes as mais díspares entre situações contigenciais dos Formandos. Por exemplo, o Formador colocado numa zona específica em Portugal ou em qualquer outro país enfrenta condicionalismos no desempenho da sua actividade onde intervêm fortemente factores culturais e socio-económicos para os quais o Formador deve estar preparado, no fundamental, sob pena de não poder exercer o seu trabalho com aceitável desempenho.

Vejamos um exemplo (caso) em que o Formador, não obstante estar na posse de certificação oficial correcta, não entendeu alguns aspectos do *forum* sócio-cultural dos Formandos, vendo a sua interacção em sala de aula cair num estado de insucesso e alguma frustração pessoal, colocando em risco a sua continuação no Programa.

Com efeito, Joana e Adérito, Formandos num Curso de Inglês Técnico de média duração, resolveram apresentar, na língua de instrução, em plena sala de aula a seguinte questão ao Formador:

"You told us last time, that when we had a question on a specific word upon which we have difficulty in understanding, you would like us to stop you and, in return, we would be promptly clarified on it. What we have seen repeatedly from you, is a total disregard for our problems in understanding the subject being taught. We both belong to an Association of Professionals, where we have regular training meetings and what we can tell you is that in any attitude comparable to yours, one would be taken as a dictator instead of an instructor with respect to the regular norms of pedagogy."

("Você disse-nos na última aula que quando tivéssemos uma dúvida específica sobre uma palavra pronunciada, você gostaria que interrompêssemos a instrução para nos esclarecer prontamente. O que nós temos presenciado é, repetidamente, um desprezo total pelos nossos problemas no entendimento das palavras. Nós, ambos pertencemos a uma Associação de Profissionais onde temos reuniões regularmente, e aqui, podemos afirmar-lhe que em qualquer atitude semelhante à sua, esta seria tomada com o ditatorial em vez de instrutória em conformidade com as boas normas pedagógicas".)

Vemos neste exemplo um aspecto em que, por distracção ou deficiente formação pedagógica do Formador, este não atendeu às regras normais e desejáveis de interacção Formador/Formando no que respeita ao método anteriormente prometido (parar para repetir e/ou esclarecer) nem talvez atendesse ao aspecto sócio-cultural segmentado presente na classe dos Formandos (Joana e Adérito eram delegados sindicais e portanto treinados para levantar questões com carácter reivindicativo).

O Formador, nesta circunstância, sentindo-se, por um lado em falta em relação ao prometido e por outro injustiçado pelas palavras a ele dirigidas (porque tudo aconteceu sem que pretendesse lesar ou menosprezar os Formandos) não conseguiu prosseguir os seus trabalhos com normalidade, decidindo terminar a sessão de imediato, não sem, todavia, esta sua atitude causar alguma perplexidade na totalidade dos Formandos.

Num caso semelhante ao anteriormente citado, é evidente alguma falta de preparação do Formador para enfrentar uma situação menos confortável no decorrer do seu trabalho. No entanto, poderia ter saído da situação de modo menos penoso se tivesse tido o cuidado de apresentar desculpas com o tacto suficiente de quem não quer perder face perante a classe dos Formandos:

1) Poderá, de modo aceitável, atenuar os efeitos mais dissonantes, pedindo desculpa aos Formandos que julgue lesados pela sua atitude. Como exemplo: *"Provavelmente não prestei a atenção devida às vossas dúvidas naquele preciso momento em que o devia ter feito e reconhecendo agora as implicações na vossa interpretação deste facto, peço-vos desculpa"*.

2) Não decidindo agir como o acima citado, o Formador poderia ter recorrido à racionalidade da sua atitude justificando que naquela circunstância ou noutras semelhantes de exposição da matéria, não é viável a interrupção para esclarecer uma dúvida específica. *"Nunca hesitarei, no entanto, esclarecer todas as dúvidas no decurso da mesma aula, em momento mais oportuno ou até no final da sessão"*.

Neste caso e em muitos outros em que está à prova a capacidade de interacção Formador/Formando fica provada a necessidade do Formador de se equipar com conhecimentos sólidos sobre o comportamento humano, das necessidades psicológicas de base das pessoas e, muito importante, **a de entender caso a caso ou em grupo as razões pelas quais o Formando adulto procura mais formação mais conhecimentos profissionais e/ou desenvolvimento pessoal**.

A Formação Pedagógica de Formadores nunca poderá nos dias de hoje minorar a importância da formação básica do Formador moderno no domínio da Psicologia Aplicada. À partida o Formador é integrado num Sistema de Formação onde a trilogia **Organização, Ambiente Social e Psicológico e Objectivo da Formação** irá estar no domínio de toda a sua actividade. É função do Formador procurar equipar-se com as ferramentas necessárias ao seu adequado desempenho, isto é, **ser competente nas matérias específicas que vai ensinar, ser sensível às necessidades psicológicas dos Formandos e tratá-las com dedicação empenhando-se em dar-lhes adequada resposta no momento correcto. É função da Organização Formadora procurar criar um "Ambiente" adequado ao bom desempenho do Formador.** É necessário que a Organização entenda que a Certificação Oficial do Formador, embora necessária, por si só pode não ser suficiente! O Formador pode não estar habilitado com **conhecimentos específicos** sobre as matérias que vai ensinar ou não conhecer o meio sócio-cultural que vai encontrar ou ainda não ter características de personalidade para um bom desempenho num grupo particular de Formandos. Em suma, a Organização, no caso de estar interessada no Formador, precisa de investir na adaptação dos seus conhecimentos à Formação objectiva.

Exemplo n.º 2 (caso)

Durante uma Acção de Formação para Formadores cujo Programa envolvia um conjunto de módulos com conteúdos que aparentemente eram bem definidos e entendidos como abrangentes das matérias necessárias a uma boa preparação dos futuros Formadores, foram criados alguns mal--entendidos na relação Formador/Formandos causando algumas sérias dificuldades quer ao Formador quer à própria Organização.

Com efeito, Arlindo e Letícia inscrevendo-se no Curso por necessidade regulamentar de actualização de conhecimentos, exerciam, desde longa data a profissão de Formadores na área Informática. Vieram para o Curso com o duplo objectivo de: 1) obter a sua certificação regularizada; 2) actualizar os seus conhecimentos naquilo que pensavam ser as suas necessidades actuais.

Após o *terminus* da 3.ª lição do módulo de Métodos de Avaliação (n.º de lições totais do módulo era de 10), estes Formandos pediram uma reunião com o Formador expondo os seus problemas do seguinte modo:

"Nós viemos aqui para que a nossa Certificação seja renovada mas acima de tudo, e fazendo do <u>nosso tempo o melhor recurso não renovável de todos</u>, aprender mais sobre como devemos <u>avaliar melhor</u>, <u>medir melhor</u>, ser <u>melhores juízes do saber</u> dos nossos Formandos. Se as lições que se seguem trilharem o mesmo caminho que até aqui presenciámos, apenas ficaremos a saber que os "filósofos modernos" têm teorias modernas sobre os estilos que a formação moderna impõe. Nós, na nossa função que escolhemos e gostamos, apenas nos interessa o saber <u>como fazer melhor</u>, <u>medir melhor</u>, <u>julgar melhor</u>, e <u>dar "feedback" correctivo</u> e oportuno aos nossos Formandos.

Pelas teorias expostas dos teóricos apresentados, temos as nossas dúvidas se algum destes já foi Formador ou mesmo fazedor de alguma coisa em concreto no âmbito do trabalho pedagógico. Veja-se por exemplo a expressão apresentada "Nenhum Formador deve começar a sua aula sem recomendar aos Formandos que as interrupções devem ser reduzidas ao mínimo". Nós não podemos aceitar esta doutrina... sabemos que a vida real não é esta! Os <u>Adultos têm necessidades específicas para se expressarem com frequência</u>, ressalvando o bom senso sempre necessário!"

O Formador, inibido na resposta perante tal observação, ele próprio recentemente saído da Universidade embora com altas classificações, respondeu:

*Como os senhores Formandos podem compreender, nós nunca saberemos tudo sem a teoria. "A melhor prática de todas começa numa boa teoria". Se fossemos aqui todos aprender apenas os "como fazer", "como agir", "como medir" certamente alguns dos vossos colegas Formandos quereriam saber mais, por exemplo ... **porquê fazer avaliação, porquê agir deste ou daquele modo, porquê medir**, etc.*

Comentário dos futuros Formadores:

De facto "<u>in medio stat virtus</u>" (no meio está a virtude). Nós pensamos que nenhum de nós estará completamente certo. No entanto, a vida já nos ensinou que os Adultos, quando se dirigem à Formação Profissional para a sua própria actualização dão 100 vezes mais apreço aos ensinamentos de cariz prático do que à teoria das matérias subjacentes.

Formador:

> *Este deve ser o grande motivo para debate sobre os **caminhos actuais e futuros da Formação Profissional em Portugal**.*

OS ACTUAIS CURSOS DE FORMAÇÃO PEDAGÓGICA DE FORMADORES E OS GRANDES DESAFIOS COLOCADOS AO FUTURO FORMADOR PROFISSIONAL

Os Cursos de Formação Pedagógica para Formadores actualmente em prática pecam por alguma ausência de profundidade dos assuntos que envolvem. O tempo destinado actualmente à instrução pedagógica regulamentar dos novos profissionais de Formação é demasiadamente curto face aos desafios que estes Profissionais terão de enfrentar. Julga-se que o tempo que decorre entre 1 mês e 1 mês e meio de instrução pedagógica é manifestamente insuficinete para que se possa chamar uma **acção formativa** mesmo para aqueles indivíduos com graus de bacharel ou de licenciado, sobretudo aqueles sem formação pedagógica no seu curriculum de base. Deverão distinguir-se os conteúdos **informativos** daqueles necessariamente mais profundos, de alcance **formativo**. A diferença reside na solidez e duração na transmissão dos conhecimentos.

Por exemplo, apenas em matérias que se relacionam com os **Métodos e Processos de Avaliação** poderá dizer-se que existe substância formativa para 40 a 60 horas. Os métodos e processos usados na Avaliação dos Formandos, sendo de importância vital para todo o processo formativo, é matéria para ser devidamente transmitida, discutida e reflectida através da apresentação de casos. Trata-se de **avaliar para corrigir**, **reflectir para mudar,** se necessário, (Formador ou Formando) e finalmente **medir para classificar**. Todo este processo envolve preparação, trabalho contínuo e sentido de eficácia e eficiência.

Se fizermos uma revisão à evolução histórica dos Métodos e Processos de Avaliação verifica-se a extraordinária importância dedicada a este assunto, por exemplo nos EUA desde há dezenas de anos. A partir dos anos 30 do século passado onde se iniciou o Processo de Avaliação na Formação Profissional baseado em objectivos comportamentais até ao presente, (período da profissionalização e da afirmação pessoal e profissional), muito tem mudado no sentido **Avaliar – Mudar – Motivar**.

Neste processo histórico evolutivo destacam-se três paradigmas essenciais que são:

a. Paradigma behaviorista teve como objectivo a atitude comportamental do Formando. Tudo seria avaliado em função da mudança comportamental do recipiente da Formação.

b. Paradigma Psicométrico que correspondeu ao período enfático dos Testes Psicométricos em que o Formando era "julgado" quase exclusivamente pelos resultados destes testes.

c. Paradigma Cognitivista que representa uma visão mais contemporânea, mais adequada à época actual. A avaliação do Formando é realizada a partir da avaliação e medição dos conhecimentos adquiridos durante a Formação recebida.

Através de novas concepções paradigmáticas, os Métodos e Processos de Avaliação na Formação têm transformado critérios assentes na Psicologia condutista ou comportamental e portanto com grande dificuldade em lidar com a carga subjectiva do Formador/Formando, para técnicas e processos baseados na Avaliação dos conhecimentos, com grande ênfase no processo de aprendizagem do Formando, com ajustamentos contínuos de critérios à medida em que se conhece mais sobre o Formando e sua personalidade.

O Processo de Avaliação contemporâneo é caracterizado pela sua capacidade em lidar com a subjectividade e saber separar a carga subjectiva da objectividade no processo de aprendizagem.

Na Formação Profissional os Métodos e Processos de Avaliação devem mudar (e muitas vezes mudam) a bem da melhoria de situações imprevistas no momento em que se planearam e definiram os Critérios de Avaliação, isto é, antes de se conhecerem os recipientes Formandos quanto aos seus traços pessoais mais caracterizantes: interesses, objectivo a curto, médio e longo termo e personalidade.

Por exemplo, o indivíduo Formando $\underline{A}$ pretende aprender técnicas para melhor gerir a sua vida futura, na sua própria empresa, reflectindo e medindo passo a passo as suas decisões, enquanto que o indivíduo $\underline{B}$ tem por objectivo na aprendizagem o saber para competir num mercado de trabalho de uma actividade dinâmica em que os tempos de execução das tarefas são determinantes. É provável que num processo de Avaliação que sobre ele incida, o indivíduo *A* se preocupe mais com as respostas mais profundas, mais seguras, não importando os tempos de execução indicados no teste. O indivíduo *B*, neste caso, procurará resolver o seu teste o melhor possível no mais curto intervalo de tempo, não reflectindo muito sobre o fenómeno causa-efeito-consequência.

"Rerum cognoscere causas".
(Devemos penetrar na causa das coisas).

Após a iniciação da Formação a Coordenação Pedagógica da Acção e o Formador poderão recorrer a um método sistemático de decisão, decorrente das variáveis que lhes vão surgindo da parte dos recipientes Formandos.

Critérios de Avaliação – Acção A

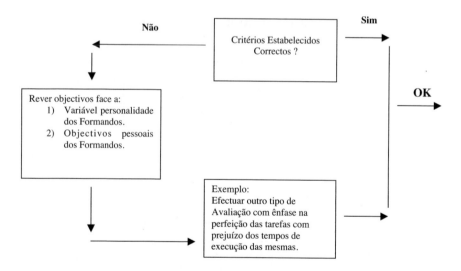

Critérios de Avaliação – Acção B

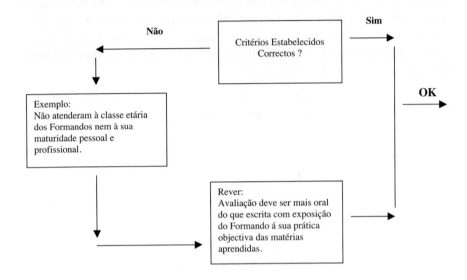

Critérios de Avaliação – Acção C

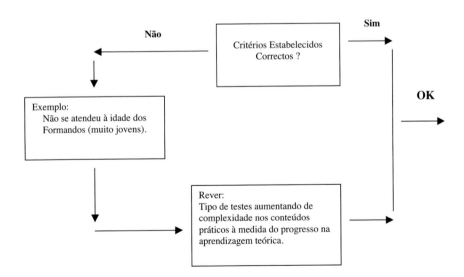

Na realização concreta da Avaliação recorre-se frequentemente a grelhas como ferramenta técnica para análise e registo da evolução do Formando. O tipo de grelha a usar, para ser eficaz, deve ser também função do conhecimento que se tem dos recipientes Formandos, das suas experiências e maturidade pessoal e profissional. Poderão ter a forma dupla de análise da evolução dos conhecimentos adquiridos na aprendizagem e/ou das mudanças comportamentais que os Formandos vão exibindo à medida que o Processo Formativo vai progredindo.

GRELHAS DE AVALIAÇÃO

Exemplo n.º 1

Capacidade na Resolução das tarefas Propostas
– Prática Laboratorial

Capacidade na Resolução das tarefas Propostas – Prática Laboratorial

	Nome do Formando:	Data:	Acção – Analista de Águas de Consumo Doméstico		
			SIM	Algumas vezes	Nunca
1	Organiza-se com facilidade ?		x		
2	É rigoroso nas medições ?			x	
3	Irritável quando não consegue realizar ?				x
4	É sistemático na resolução ?		x		
5	É confiante quando não consegue à primeira ?		x		
6	É perseverante ?		x		
7	Ajuda os colegas ?				x

Exemplo n.º 2

**Capacidade na Resolução das tarefas Propostas
– Informática**

	Nome do Formando:	Data:	Acção – Informática Aplicada		
			SIM	Algumas vezes	Nunca
1	Organizado/a ?		x		
2	Aplicado/a ao seu trabalho ?		x		
3	Tem o tempo de execução em consideração ?				x
4	É perfeccionista no seu trabalho ?		x		
5	Escreve um Relatório Final inteligível e estruturado ?			X	
6	Está disponível para ajudar os outros colegas ?				x
7	Irritável com o Formador ?			x	
8	Ambicioso/a na aprendizagem ?		x		

No uso das grelhas de Avaliação como as que acima se apresentam ou noutros modelos de grelhas em que se pretende captar as características mais e menos positivas dos Formandos, existem sempre falhas de imprecisão que se podem corrigir recorrendo a métodos complementares, como por exemplo a entrevista, onde um conhecimento mais exacto dos valores do Formando pode ser obtido.

As situações específicas podem mesmo impor que a complementaridade grelha + entrevista na Avaliação deva, à partida, ser efectuada para que o Processo Avaliativo possa ser útil a ambas as partes, Formador/Formando. Poderá assim ser adquirida uma compreensão mais profunda dos conhecimentos do Formando conseguindo este, de modo claro, esclarecer pormenores das questões até aí obscuras. Da parte do Formador, a entrevista na Avaliação, coloca-o numa posição favorável à observação atenta em relação a todos os condicionalismos que possam existir na apreciação.

Exemplo n.º 1 (caso)

Como a heterogeneidade de conhecimentos na classe poderá dificultar as tarefas do Formador.

Joana e Américo frequentaram um Curso de Formação de Formadores cuja finalidade primeira era a de obterem a credenciação necessária ao futuro desempenho legal da função de Formador.

Joana licenciada em Psicologia (ramo social) e Américo recém licenciado em Engenharia Electrotécnica e de Computadores, após algumas semanas de Curso decidiram marcar uma reunião com o Formador do módulo **Teorias da Aprendizagem** *para lhe expor alguns pontos de vista sobre o que não lhes estava agradando nas suas aulas. O Formador, relativamente bem preparado na recepção de crítica construtiva, anuiu de imediato à reunião marcando-a só para o período após a sessão normal de Formação.*

Joana, num tom assertivo e persistente começou por expor o assunto principal como segue:

"Senhor Formador ... a questão que nos traz aqui é que dentro da nossa classe existem Formandos com preparação académica/profissional e mesmo de categoria pessoal muito diferenciada e entendemos que o Senhor Formador não está a dar atenção suficiente a este facto. Passo a dar um exemplo:

Quando o senhor explica as teorias das necessidades humanas baseando-se em Maslow, Hertzberg e outros, parece-nos não ter a exacta noção de que existem pessoas nesta sala que não estão minimamente interessadas nesta matéria por não distinguirem uma necessidade básica psicológica de uma necessidade de aperfeiçoamento e crescimento pessoal. É que estas (algumas) pessoas nunca foram expostas a estas matérias e notoriamente não estão a entender o alcance e a utilidade na aprendizagem destas teorias.

Enquanto isto, quando o senhor expõe uma teoria tecnicista sobre a Organização do Trabalho, a necessidade de uma Orçamentação de Recursos e sobre os mecanismos de Controlo e da Monitorização da Obra e seus resultados, penso que o senhor Formador está a perder a outra, digamos metade, da classe. O problema central aqui é mesmo o da **heterogeneidade da classe!** *... e se me permitisse, sem minha intenção de desrespeito, dir-lhe-ia para rever o seu programa de matérias e para conseguir sucesso nesta turma de Formandos necessita de um novo programa capaz de motivar minimamente todos. Por exemplo, em vez dos ensinamentos neste Curso sobre as teorias de Maslow, Hertzberg e outras teorias, que aliás são excelentes para Gestores de níveis médio e superior, talvez que as possa substituir por teorias com "sabor a prática" como:*

> – Porque é que os Adultos querem aprender?
> – O que pode motivar um Adulto, depois de 8 horas de trabalho, com família em casa, que por hipótese decidiu há muito sair da escola oficial, vir de novo à sala de aula para aprender?
> – Porque é que depois de 20 anos de experiência na vida laboral, talvez sem qualquer ajuda ou apreço do Empresário (infelizmente) o Adulto volta à escola profissional para aprender?
>
> Enquanto Américo escutava atento a explicação da sua colega, ia dizendo ao Formador:
> Também eu, senhor Formador, me sinto por vezes de novo na "Escola do passado" com teoria e mais teoria e não é isto que quero transmitir aos meus Formandos quando for Formador. Quero saber transmitir-lhes sobretudo a busca da aprendizagem dos valores práticos da vida, consubstanciados com os fundamentos básicos teóricos programáticos, que é o que nos atrai aqui ... é isto que nos move ... são estas as nossas necessidades psicológicas de momento".

O Formador, que não esperava uma exposição tão eloquente e ilustrativa por parte destes seus Formandos, após alguns momentos de reflexão, respondeu:

> "Tudo o que me disseram aqui hoje deixa-me de facto com mais força para melhorar o meu Programa e também a minha maneira de leccionar estas aulas. Penso que, uma vez mais fica provado, que a nova teoria para o Formador Moderno deva centrar-se nisto: Expliquemos aos Formandos em primeiro lugar os objectivos práticos das matérias ... depois ensinemos-lhes os fundamentos justificativos ... os porquês!"

É assim ... constatamos a todo o momento que a Formação Profissional em Portugal enferma de algumas questões vitais que nos levam ao desperdício de Recursos. Para se atingir o objectivo mais nobre da Formação que é o de garantir em simultâneo maior produtividade laboral e intelectual dos Formandos, é necessário fazer-se a revisão da própria filosofia do Ensino Profissional, isto é, Formar Profissionalmente em estilo de Proactividade, prevalecendo o conhecimento utilitário-social sobre o individual *per si*.

O facto de se iniciarem Cursos de Formação de Formadores com classes heterogéneas ou muito heterogéneas em tudo o que concerne a educação de base e/ou experiências profissionais dá origem, de um modo geral, a situações de difícil gestão, do ponto de vista da eficácia e da eficiência, das Acções Formativas. Não se podem congregar facilmente, isto é, sem um forte sentido de objectividade boas teorias ou práticas que sirvam em simultâneo um grupo deficiente ou muito deficiente e outro habilitado em matéria de base. Para dificultar ainda mais os resultados desta odisseia, os Cursos de Formação de Formadores actuais têm, na sua generalidade, uma duração que vai de 80 horas a 120 horas, tempo de facto muito curto para se habilitar um Formador com conhecimentos técnico-pedagógicos que lhe são exigíveis nos dias de hoje. No presente existe de facto um conjunto considerável de factores a atender para que se consigam melhorias nos Conteúdos e nos Processos na Formação de Formadores em Portugal. Só com determinação e trabalho esta situação será resolvida. *"Per angusta ad augusta"* (Os grandes êxitos só se alcançam através de grandes dificuldades).

O Formador no desempenho da sua função é frequentemente "apanhado" em desafios verbais, muitas vezes laterais às matérias em discussão, da parte do Formando para os quais deve estar preparado não para responder imediatamente a tudo, mas para "lidar" com a situação sem causar disrupção na sequência dos assuntos que trata nesse momento. Qualquer divagação lateral por parte do Formador em resposta a uma solicitação inoportuna e "despropositada", é sentida nos restantes indivíduos Formandos como uma certa desorientação do Formador que convém não acontecer.

"Contra principia negantem non est disputandum". (Nunca discutas contra a negação de princípio). No decorrer da explicação do Formador e em circunstâncias tais que não possa ao momento existir a possibilidade de racionalizar a questão colocada pelo Formando ou que não seja possível enquadrá-la no assunto que se está a desenvolver, é preferível que o Formador peça algum tempo para dar resposta ao assunto extraordinário que está a ser levantado. Adiante, no capítulo próprio da Comunicação Oral esta situação será de novo discutida com o pertinente detalhe.

Exemplo n.º 2 (caso)

Questões levantadas em sala de aula, fora de contexto, com carga de irracionalidade.

No decorrer de uma Acção de Formação de longa duração na área tecnológica, dois dos Formandos até à data assíduos (note-se que as críticas ao Formador ou à Organização do Curso vêm quase sempre de um par de Formandos e raramente de um só), decidiram "desafiar" o Formador no seguinte contexto:

Senhor Engenheiro (Formador), começou Tinoco Norberto interrompendo a aula em curso, enquanto Joaquim Lebre, o outro colega Formando, batia repetidamente com a caneta na carteira onde se sentava: *"Quero dizer-lhe que os senhores trazem-nos aqui para um Curso de Ar Condicionado com quase 900 horas de duração e nós temos que aguentar, para além dos conteúdos que nos interessam (e mesmo esses não são aquilo pelo que esperámos porque o que nos verdadeiramente interessa é saber montar e desmontar equipamentos) também as matérias como Informática, Inglês Técnico e Deontologia nas Relações de Trabalho, verdadeiramente são um "fardo" difícil de digerir, pelo menos para mim próprio. Melhor explico:*

Informática não nos interessa ... as secretárias hoje fazem tudo isso, Inglês Técnico não nos interessa para nada porque nós estamos em Portugal, e quanto à Deontologia nas relações de trabalho, nem sei do que isso trata nem para que serve! Vocês estão totalmente enganados aqui! Nós somos pessoas de trabalho e apenas queremos aprender a trabalhar melhor!"

Enquanto Tinoco Norberto terminava a sua dissertação, o Formando Joaquim Lebre deixando de bater com a caneta na carteira como sinal de irritação, manifestava a sua total concordância com o exposto pelo seu colega.

O Formador de voz calma e seguro da sua formação no domínio das relações humanas respondeu aos Formandos:

"Caros amigos:
Vocês trazem-me aqui matéria para discussão, sem dúvida, mas antes que possamos falar mais seriamente sobre isto quero dizer-vos que a vossa intervenção é inoportuna neste momento porquanto os vossos outros colegas Formandos, que são 13, mesmo aqueles que porventura concordem convosco, estão a achar estranha esta discussão em plena aula sobre os «princípios fundamentais do funcionamento do "Chiller"». Quero discutir convosco este

assunto amanhã das 18:00 às 18:45, se estiverem de acordo comigo, mas antes quero dizer-vos duas coisas:
  1.º *Para aprender a montar e desmontar equipamentos vocês necessitam de um Curso centrado na prática oficinal. Este Curso é dirigido àqueles que querem aprender e aprofundar matérias dentro das suas especialidades onde já, em princípio trabalham, clarificando cada vez melhor os conhecimentos técnicos subjacentes nos seus trabalhos, de modo a poderem interpretar os avanços nas tecnologias novas que lhes vão surgindo no dia a dia.*
  2.º *Quanto às Informáticas, ao Inglês Técnico e à Deontologia quero dizer-vos que estas matérias estão hoje para a pessoa que quer progredir profissionalmente e pessoalmente como a **fome está para a vontade de comer**, isto é paralelamente às competências técnicas o indivíduo está hoje e cada vez mais inserido numa teia de relacionamento humano que deverá, no mínimo, estar disso ciente.*

Neste caso o Formador soube, de modo inteligente, lidar com a carga de irracionalidade apresentada pelos Formandos. O Formador perante tão grande contraste entre o Programa do Curso e o objectivo destes dois Formandos, não pode fazer outra coisa que não fosse recomendar a estes a mudança de rumo, isto é, escolher um Curso de carácter oficinal e procurando outras vias de aprendizagem, obviando o "fardo" cuja digestão era difícil de realizar.

A CONCEPÇÃO, O PLANEAMENTO E A IMPLEMENTAÇÃO DE UM PROGRAMA DE FORMAÇÃO INTERNA PARA A EMPRESA

Uma Organização Formadora que é chamada a intervir num Programa de Formação Profissional Interna para uma determinada Empresa, deve, à partida, assegurar-se das suas capacidades técnicas e pedagógicas em resposta à solicitação da Empresa cliente. Esta, sem dúvida, estará interessada em obter o máximo resultado do investimento a efectuar nesta área enquanto que a Organização Formadora estará interessada no sucesso do Programa. A imagem de competência e os benefícios económicos daí derivados constituem o objectivo principal da O.F..

Para que os interesses comuns se complementem, é necessário contudo que se estabeleça a ligação correcta das capacidades efectivas da Organização Formadora com o **Objectivo** da Empresa cliente.

Admitamos que uma determinada Empresa está interessada num Programa de Formação para *"upgrading"* dos conhecimentos técnicos das **chefias intermédias**. Esta será portanto uma oportunidade de criar melhores e mais actualizados conhecimentos nestes quadros e por consequência mais e melhor motivação para realizar funções técnicas mais produtivas. Paralelamente ao *"upgrading"* nas funções técnicas, os mesmos quadros deverão melhorar aspectos interactivos no domínio das relações humanas com os seus colaboradores e superiores na hierarquia da Empresa.

Estão assim identificadas as necessidades básicas para um Programa específico de Formação Profissional:

1.º Formar os quadros intermédios com conhecimentos técnicos actualizados,
2.º Formar os mesmos recipientes com conhecimentos actualizados sobre liderança.

Planificação dos Trabalhos pela Entidade Formadora:

A Organização Formadora terá a necessidade de formular as seguintes questões iniciais, após auscultar os Órgãos de Gestão da Empresa:
1.º Determinação dos Problemas da Empresa.
2.º Identificação das deficiências formativas nos funcionários recipientes.
3.º Análise dos postos de trabalho quanto às funções desempenhadas e as qualificações de base que possuem.
4.º Análise comparativa de desempenho com outras funções homólogas já conhecidas da Organização Formadora.
5.º Determinação das qualificações de base das chefias recipiente da Formação, e quais têm sido ao longo da vida as sessões de *"upgrading"* a que se têm exposto.

Com as questões anteriores devidamente respondidas e analisadas, a Organização Formadora estará em condições de elaborar a sua proposta à Empresa Cliente, ao mesmo tempo que também a Empresa Cliente poderá julgar com este questionário as competências da Organização Formadora. Após o acordo deste Contrato de Serviços (Formação) entre as partes, é da responsabilidade da O.F. estabelecer o seu Programa o qual passará, normalmente, pelas seguintes fases:

1.º Analisar suficientemente as funções técnicas desempenhadas pelas chefias intermédias e também as suas capacidades de inter-relacionamento humano com os seus colaboradores.
2.º Analisar, dentro das possibilidades, os registos históricos da Empresa quanto a sucessos/insucessos no passado destes funcionários nas suas actividades plenas. Estudar com suficiente pormenor, situações críticas, técnicas ou de relacionamento humano.
3.º Estabelecer entrevistas com os recipientes da Formação antes de iniciar o Programa.

Com estes pontos esclarecidos a Organização Formadora poderá passar às fases seguintes, isto é, do Planeamento dos módulos especializados e da reunião dos recursos necessários à implementação do Programa – recursos administrativos, técnicos e pedagógicos.

Suponhamos que se trata de uma Empresa de média dimensão cuja actividade principal é a de Serviços Técnicos de Manutenção Electromecânica para Edifícios Comerciais e Institucionais.

Neste caso, os itens principais a considerar para Planeamento poderão ser os seguintes:

Mapa de necessidades formativas para Chefias intermédias

Necessidades Formativas	Empresa – MANECI, Lda – Manutenção de Edifícios Comerciais e Industriais, Limitada. Actividades – Manutenção electromecânica. Nº de Chefias Intermédias em Formação = 10	Grau de Prioridade
Planeamento de Tarefas.	Necessidade de 30 horas de Formação	U
Planeamento e Implementação de Sistemas de Segurança.	Necessidade de 20 horas de Formação	U
Capacidades de Formação dos operários colaboradores.	Necessidade de 40 horas de Formação	MT
Melhoria de Relações Humanas / Capacidade de "*leader ship*".	Necessidade de 20 horas de Formação	U
Conhecimentos actualizados, nos projectos AVAC.	Necessidade de 40 horas de Formação	U
Conhecimentos actualizados na Gestão de Energia dos Edifícios.	Necessidade de 10 horas de Formação	MT
Conhecimentos actualizados no controlo do ambiente físico interior nos Edifícios.	Necessidade de 30 horas de Formação	U
Gestão do tempo e Liderança.	Necessidade de 10 horas de Formação	U
Deontologia nas Relações de Trabalho.	Necessidade de 10 horas de Formação	U
Inglês Técnico.	Necessidade de 30 horas de Formação	U
Informática básica.	Necessidade de 30 horas de Formação	U

U – Urgente
MT – Médio termo

Só após a esquematização das necessidades do cliente a O.F. está em condições de seleccionar os Recursos Técnicos, Humanos e Financeiros mais adequados ao desempenho da Formação que se pretende. A Organização Formadora deverá repetir este procedimento caso a caso de modo a criar no mercado a imagem adequada ao sucesso, isto é: seriedade, competência técnica e administrativa e, sobretudo, trazer resultados positivos à Empresa cliente.

Pontos vitais a atender na fase de implementação:

1. Apresentar Formadores com capacidade técnica e relacional adequada aos respectivos módulos.
2. Estabelecer o Local apropriado e com ambiente físico adequado ao conforto dos ocupantes.
3. Proporcionar Equipamentos didácticos suficientes de modo a efectuar demonstrações e exposições adequadas a um tipo de ensino moderno com ênfase primeiro na prática e nas realidades de vida quotidiana sem menosprezar os fundamentos da "razão das coisas".
4. Implementar um Programa de Avaliação sob o lema "Avaliação para melhorar" e não Avaliação para classificação final apenas. A Avaliação dos Formandos deve ser um processo contínuo, gerador de *"feedback"* suficiente aos recipientes de modo a melhorar a aprendizagem. A Classificação Final é (deve ser) uma necessidade de circunstancia capaz de *fazer jus* às melhores aptidões e/ou dedicações.
5. Instalar um processo apropriado de Informação à Empresa Cliente de modo a que esta possa acompanhar a evolução do Programa.

Num trabalho desta natureza com um Cliente bem definido e que suporte todos os custos envolvidos no Programa é imperativo que se verifiquem os ingredientes mais essenciais da Formação Profissional, do lado do Formador, isto é:

1) Entusiasmo.
2) Competência técnica e relacional.
3) Honestidade.
4) Ética profissional.
5) Grau de tolerância razoável e funcional para com os intervenientes do Processo.

No final do Programa, os Formadores como "peças centrais" para o sucesso dos trabalhos da Formação poderão (deverão) ser Avaliados quer pelos Formandos quer pela Organização Formadora.

Avaliação pelos Formandos: sugere-se um conjunto de questões do tipo:

	Curso para Quadros Intermédios – Avaliação pelo Formando (Nome _____ *facultativo*)	
	Módulo _____	
	Formador _____	**AVALIAÇÃO**
1	O Formador dominava as matérias ?	B
2	O Formador tinha voz audível ?	B
3	O Formador distribuía folhas adequadas ao estudo ?	B
4	O Formador tinha uma sequência lógica no ensino das matérias ?	S
5	O Formador ajudava os Formandos com dificuldades ?	S
6	O Formador fazia experimentações adequadas ?	S
7	O Formador manuseava o equipamento de vídeo adequadamente ?	B
8	O Formador demonstrava sinceridade e convicção nas matérias que ensinava?	B
9	O Formador repetia-se muito ?	S
10	Avaliação Global	B

Med. – Mediocre
Suf. – Suficiente
B. – Bom
B. – Muito Bom.

Da parte da Organização Formadora: O Formador poderá ser avaliado pelos seguintes parâmetros:

	Avaliação do Formador Nome _____	
	Empresa – MANEECI, Lda	
	Módulo _____	AVALIAÇÃO
1	O Formador foi avaliado positivamente pelos Formandos ?	B
2	O Formador cumpriu com o seu Programa ?	B
3	O Formador descreveu os sumários das suas aulas de forma clara e sucinta ?	B
4	O Formador foi pontual nos tempos dedicados ao seu trabalho ?	B
5	O Formador era claro nas respostas à Organização quando solicitado a esclarecer pontos de interesse ?	B
6	O Formador manteve um relacionamento satisfatório com os Formandos ?	B
7	O Formador facultou à Organização um Relatório final escrito de modo claro, sucinto e bem identificador dos sucessos e insucessos no seu desempenho, apontando causas ?	S

Med. – Medíocre
Suf. – Suficiente
B. – Bom
MB. – Muito Bom.

A Organização Formadora, em face desta Avaliação ao seu Formador poderá decidir a recomendação ao Formador para frequentar, a custos da própria Organização Formadora, um Curso sobre "Como Escrever Relatórios Técnicos" ou a simples leitura de livro adequado.

O VALOR DA COMUNICAÇÃO ESCRITA E ORAL NO DESEMPENHO DO FORMADOR E NA EFICÁCIA E EFICIÊNCIA DA ORGANIZAÇÃO FORMADORA

Na época em que vivemos é erróneo pensar-se que as competências técnico-didácticas podem ser obtidas a partir de um bom conhecimento das matérias que se vão ensinar. Por detrás destas competências nos domínios técnicos está hoje o mais poderoso instrumento do sucesso profissional, isto é, o da **comunicação efectiva**, o que quer dizer, o de saber transmitir uma ideia, um conceito, um valor, uma causa.

Neste contexto poderá, ao longo de considerável tempo de trabalho neste domínio, chegar-se à seguinte conclusão:

Primeiro erro assumido pelo Formador: Que a competência técnico-científica nas matérias a ensinar é determinante ou quase determinante no sucesso do seu trabalho.

Segundo erro assumido pelo Formador: Que o bom Formador, equipado com técnicas actuais de comunicação está apto a ensinar todas ou quase todas as matérias da Formação Profissional.

Erro crucial e fatal da Organização Formadora: Que a Comunicação Escrita e Oral não é parte essencial do sucesso de um Programa de Formação.

Neste capítulo o leitor poderá facilmente entender que as premissas anteriores são falsas e a serem inadvertidamente seguidas poderão colocar em risco o mais nobre de todos os objectivos por que se devem bater as pessoas e/ou as Organizações – atingir o sucesso em toda a obra que nos propomos realizar.

A abordagem detalhada da Comunicação no contexto da Formação Profissional tem o seu lugar próprio. Na verdade, em matérias de formação Profissional é de interesse vital que se abordem as questões da Comunicação escrita e oral como conhecimento *"sine qua non"* para se atingir êxito quer na profissão de Formador quer para o sucesso global da Organização Formadora. O conhecimento das matérias a transmitir e o talento comunicativo para a sua inteligibilidade são pilares da mesma obra, e sem os quais não haverá solidez no desenvolvimento humano.

Neste contexto quer a comunicação na forma escrita quer oral serão "pilares" de uma obra sem os quais não é possível a sua conclusão de modo completo e seguro. Não é possível um bom desempenho do Formador sem o mínimo aceitável de talento comunicativo.

A COMUNICAÇÃO ORAL E A SUA IMPORTÂNCIA NUM CONTEXTO DE FORMAÇÃO PROFISSIONAL

Qualquer mensagem, independentemente do seu conteúdo, tem sempre dois ou mais protagonistas cuja eficácia na relação está condicionada ao ambiente físico circundante e a variáveis íntimas próprias de cada indivíduo. É neste "mundo" de condicionalismos que se podem estabelecem relações de **entendimento satisfatório, de entendimento julgado satisfatório** ou de desentendimento, confusão, frustração e outros factores do fórum psicológico que poderão ser lesivos quer para o emissor quer para o receptor ou para ambos.

É por conseguinte necessário e imprescindível colocar alguma ordem e regras na Comunicação Oral para que o resultado desta forma de interacção humana resulte a bem da sua eficácia.

Do ponto de vista do trabalho do Formador, a sua sólida aprendizagem das Técnicas de Comunicação é ferramenta essencial para o sucesso do seu trabalho. Maus hábitos na comunicação poderá levar um bom ou mesmo excelente técnico das matérias que se propôs ensinar, ao falhanço total no resultado da Formação. Quer para o próprio Formador quer para a Organização que representa em cada momento do seu trabalho, o respeito pelas regras da comunicação é determinante para o sucesso do Programa.

"Vulpes pilum mutat, non mores"
(A raposa muda de pêlo mas não de costumes).

O mesmo é dizer que para o Formador não é suficiente mudar alguns costumes, é também essencial revitalizar a "pele" (postura pessoal na comunicação).

A sociedade em que vivemos tem-se tornado cada vez mais industrializada e tecnológica e sobretudo socialmente mais sofisticada. Têm-se desenvolvido mecanismos de interrelacionamento humano e de conduta nas próprias organizações de trabalho que obrigam a que os intervenientes na Comunicação se apresentem cada vez mais preparados e mais organizados de modo a que os dois mais nobres objectivos do trabalho se complementem, isto é, **Eficácia** e **Eficiência**. Um destes objectivos determina o cumprimento das obrigações no tempo devido, isto é, a **Eficácia**. O outro objectivo tem em vista os custos de todos os recursos aplicados na execução das tarefas, que é a **Eficiência**.

É nesta simbiose para a excelência que o Formador, enquanto profissional eminentemente comunicador, aparece com a necessidade imperiosa de saber **como transmitir** as suas mensagens ao Formando e aos órgãos responsáveis pela Empresa Formadora e não apenas transmiti-las com saber técnico suficiente.

Enquanto o Formando deve ser exigente consigo próprio na aprendizagem, deve também ser racionalmente exigente com o Formador que tem, quanto ao modo como lhe transmite a mensagem. – Esta é uma tarefa bem actual para o Formador, isto é, para além do saber, o **saber transmitir o seu conhecimento**.

O Formador no cumprimento da sua tarefa deve entender que o conhecimento enverga duas vertentes hierárquicas essenciais, isto é, **saber e compreender** ("*knowing and understanding*"). É portanto sua a tarefa nobre de dar ao Formando a oportunidade de este atingir não só o **saber** mas também o entendimento suficiente das matérias que lhe transmite (**compreensão**).

A sociedade portuguesa tem constantemente minorado a importância da Comunicação Técnica. Os resultados estão à vista de todos nós. Somos um povo que profissionalmente comunicamos mal, muitas vezes com hábitos de redundâncias desnecessárias, com pouca objectividade no conteúdo, com repetidas expressões do "mais ou menos", comunicamos com certa ambiguidade entre a conversa social e o conteúdo profissional pertinente para o momento. Esta é sem dúvida uma matéria para ser rapidamente melhorada em Portugal – a Comunicação Profissional – sem que contudo, isso implique a perda das tradições humanistas, por vezes calorosas e afectuosas que, de certo modo, nos caracterizam. Na comunidade de países a que pertencemos (UE), muitos deles social e industrialmente desenvolvidos, a comunicação profissional é levada a sério, isto é, o que se diz profissionalmente tem necessariamente "*meaning*" (significado) e portanto é para se levar em conta. O social é por norma, separado do conteúdo profissional. Geralmente as questões profissionais antecedem o almoço ou o jantar. O convívio serve quase sempre para um melhor conhecimento do carácter pessoal das pessoas, não para discutir questões chave de "*business*".

Princípios Básicos da Comunicação Oral Eficaz

Seria demasiadamente simplista afirmar-se que devemos comunicar melhor para sermos mutuamente mais evoluídos, mais actualizados, em relação a outros povos. Em Portugal, actualmente, verifica-se que enquanto as camadas etárias mais jovens comunicam socialmente de modo bastante fluido e sem complexos com outros povos do mesmo grupo etário, socialmente mais evoluídos, quando a comunicação se torna profissional, verifica-se uma diferença ainda muito acentuada. Estas diferenças são basicamente "catalogadas" em três grandes expressões chave:

1. O Relógio e o Calendário são definitivamente importantes na imagem das relações profissionais que se estabelecem, e por isso as medidas do tempo e portanto a pontualidade é para ser levada a sério. "*Time is the greatest non renewable resource of our lives*" (O tempo é o nosso melhor recurso não renovável).
2. Não levar mais tempo do que o necessário para transmitir uma mensagem profissional, seja na forma escrita ou oral. A mensagem profissional deve ser o mais objectiva possível). "*Ars longa, vita brevis*" (A arte é longa mas a vida é breve).
3. Tentar não confundir questões do fórum profissional com o íntimo pessoal ou social quando a pertinência dos factos incide, no momento, em questões específicas de trabalho.
"*De ore tuo te judico*" (Pela tua boca eu te julgo).

A Comunicação eficaz oral (e escrita) é portanto uma matéria que deve **obedecer a regras** sem as quais não é possível, nos nossos dias, atingirmos o que quase todos os humanos desejam – sucesso nas suas realizações.

Os princípios básicos e fundamentais da Comunicação Oral eficaz são cinco:

1) Encorajar cooperação

2) Provocar reflexão
3) Respeitar emoções
4) Escutar nas entrelinhas da comunicação
5) Dar e receber "feedback".

Qualquer um destes princípios de base da comunicação eficaz é de importância vital para o profissional de Formação e para os órgãos responsáveis pela Coordenação Pedagógica e administrativa da Organização Formadora. À guisa de resumo(*)' descreve-se a seguir o que se entende por cada um dos cinco princípios contribuintes para o sucesso na Comunicação:

1) **ENCORAJAR COOPERAÇÃO**

A conversação é um veículo próprio para a expressão quer das ideias quer dos "*feelings*" das pessoas. A mensagem, quer na forma escrita quer na oral, é tão rica em emoção como em conteúdo. A consciência activa deste facto é fundamental como ponto de partida para um processo comunicativo eficaz.

Os "*feelings*" da pessoa humana influenciam sempre a expressão do indivíduo, que muitas vezes percorre um caminho pouco directo para se expressar. Na verdade, frequentemente, o receptor da mensagem tende a desviar o conteúdo da conversa para áreas diferentes não relacionadas com o assunto, sendo este o primeiro obstáculo a que o emissor deverá estar atento. O receptor toma esta atitude por motivos de ansiedade ou para, indirectamente, solicitar reafirmação nas suas ideias e valores. Numa conversação em geral, cada indivíduo exerce pressões em duas direcções diferentes: uma para desenvolver uma linha de raciocínio lógico com base no assunto em discussão, outra para satisfazer as suas necessidades emocionais e psicológicas do momento. É nesta complexidade de factores que o emissor da mensagem terá de saber "navegar" para conseguir levar as suas intenções a bom porto! Um bom comunicador entende a necessidade psicológica do interveniente ou intervenientes e, se necessário, encoraja o interlocutor na expressão dos seus próprios "*feelings*".

(*)' O leitor interessado em aprofundar estas matérias poderá consultar o livro "*Melhor Comunicação Técnica + Desenvolvimento Pessoal*" – Edições Piaget (2003).

2) **PROVOCAR REFLEXÃO**

Nos contactos com o mundo exterior, cada um de nós tem a capacidade específica para captar a informação que recebe e interpretá-la. As nossas atitudes e acções são influenciadas pelo maior ou menor conforto que sentimos quando obtemos os elementos informativos que desejamos. Frequentemente, a informação é transmitida directa e voluntariamente pelas pessoas com quem interagimos, outras vezes a mesma necessita de ser **extraída** de modo mais ou menos subtil.

A obtenção da informação de outrem, mesmo tratando-se de assunto de interesse a ambas as partes, requer sempre alguma persistência e saber, para que tenhamos sucesso, ou seja, para que consigamos o que pretendemos. Quando a intenção é extrair informação de alguém, estamos pedindo algo para nós que o nosso interlocutor poderá não querer disponibilizar por razões de tempo, de privacidade ou por qualquer outra razão. Para encorajar o interlocutor a ceder na informação que pretendemos, deve tornar-se o acto o mais agradável possível para o indivíduo com quem interagimos. Devemos ouvir com manifesto interesse os comentários, mesmo que eles não sejam pertinentes nem venham a propósito para a questão. Uma vez mais, **a expressão das emoções deve ser respeitada!**

Dependendo da situação, poderá expressar-se simpatia, descrever-se alguma peripécia circunstancial em experiências passadas ou fornecer-se alguma informação adicional. Por vezes, o protagonista da comunicação que pretende a informação que ainda não conseguiu, tende a tornar-se impaciente. Frequentemente dispara uma série de perguntas sobre a pessoa com quem dialoga, cada uma delas na sequência da anterior. Normalmente, neste caso, o interlocutor, que por alguma razão não quer ceder a informação que o protagonista procura, ressente-se pelo facto de as exigências se manifestarem com pressão psicológica, o que é para ele sempre desconfortável. A probabilidade que a informação pretendida tarde em ser fornecida é elevada, neste caso.

Como obter informação sem criar ressentimento

Quando o objectivo é o de obter a informação que se pretende, deve em primeiro lugar fazer-se perguntas de resposta simples. Este processo ajuda o interlocutor a tranquilizar-se antes de responder a outras questões de ordem superior. As pessoas sentem-se bem a responder a questões que lhes são colocadas quando sabem que as suas respostas estão correctas!

Eis um princípio fundamental para uma boa interacção pessoal na obtenção da informação pretendida:

Tranquilizar o Interlocutor, fazendo com que este se sinta confiante em si mesmo na cedência da informação solicitada.

A Estruturação das Perguntas

Vimos no capítulo anterior que o facto de se colocar o interlocutor num estado psicológico de tranquilidade e conforto consigo próprio, pode ajudar muito a criação de um clima favorável à interacção em todos os aspectos envolventes. A questão agora é a de se estruturar as questões de modo a obter-se a informação desejada.

Um método útil é o da classificação das perguntas pelo seu **grau de estruturação**, já que este exerce grande influência no tipo de resposta que vamos obter. Por exemplo, uma pergunta elaborada, isto é, com um grau elevado de estruturação, pede uma resposta específica.

Um pedido de informação assim dirigido especifica que a resposta deve ser dada num campo restrito de circunstâncias. Este tipo de pergunta obedece a um grau elaborado de estrutura para se obter um **desvio mínimo** da resposta circunstancial. Por outro lado, uma pergunta em que não seja exigida tal precisão na resposta, deve obedecer a um grau de estrutura inferior. Neste caso, ao interlocutor apenas é pedido que fale sobre um determinado assunto sem que o indivíduo que formula a pergunta tenha uma certeza da direcção da resposta por parte do interveniente.

Existem também situações em que não é exigida informação específica, isto é, não existe uma necessidade de pergunta muito elaborada (**estrutura elevada**), embora não interesse também generalidade, isto é, a resposta não deve ser muito ampla (**estrutura baixa**). Estes pontos intermédios, não pouco frequentes nas necessidades da vida real, merecem ponderação por parte do comunicador interessado numa resposta efectiva. Antes de se questionar, o interlocutor deve ter a noção exacta do tipo de resposta que mais se ajusta às necessidades circunstanciais.

Exemplos de perguntas estruturadas e não estruturadas:

<u>Médico</u>:   Que pensa sobre a causa da sua doença? (***pergunta não estruturada***).
<u>Paciente</u>: Tenho uma sensação de ser picado com uma agulha.
<u>Médico</u>:   Há alguma comida que pensa fazer-lhe mal? (***pergunta mais estruturada***).
<u>Paciente</u>: Penso que sim. Azeitonas.

Outro exemplo de perguntas com diferentes níveis de estruturação pode ser a seguinte:

<u>Entrevistador</u>: Porque quer trabalhar em vendas de produtos agrícolas? (***Pergunta não estruturada***).
<u>Entrevistado</u>: Porque já fui trabalhador agrícola e gosto do mundo rural.
<u>Entrevistador</u>: Bem aqui o trabalho tem a ver com as vendas de produtos agrícolas, mas há necessidade de trabalho noutras áreas também (......).

*(Aqui o entrevistador elabora uma questão **mais estruturada**, isto é, tenta obter do entrevistado a informação adicional se ele está firme nas suas convicções sobre a venda de produtos agrícolas).*

<u>Entrevistado</u>: Penso que tenho de ser agressivo nas vendas e que há muitas viagens envolvidas no trabalho.
<u>Entrevistador</u>: Por outras palavras, as vendas para si são uma espécie de trampolim para um trabalho de Gestor(...).

*(O entrevistador **aumenta mais a estrutura** das perguntas uma vez que já obteve a reafirmação do candidato sobre as suas convicções de vendedor).*

Essencialmente, as perguntas de **baixa estrutura** destinam-se a obter uma ideia geral do pensamento do interveniente e a procurar algo mais do pensamento deste, isto é, aquilo que não é **directamente** observável nas suas afirmações. Perguntas de **elevada estruturação** são, por outro lado, destinadas a obter factos específicos e estabelecer um meio de adquirir um compromisso em relação a uma posição definida por parte do interveniente.

3) **RESPEITAR EMOÇÕES**

As nossas emoções são essencialmente, motivadores psicológicos que nos projectam na acção. Ao longo das horas, dias, meses ou anos, acontece um variadíssimo número de episódios no nosso mundo exterior e interior que nos condicionam e que geram em nós a expressão de medo, culpa, inveja, vergonha, zanga...

As emoções são sentidas como tensões exercidas sobre o nosso sistema nervoso e daí sobre os restantes sistemas no organismo humano. O estado psico-fisiológico de tensão é geralmente sentido como algo desconfortável e, como consequência, o todo psico-somático reage com a acção correctiva de modo a eliminar ou reduzir esse estado emocional. Estes níveis de automatismo constituem as facetas mais brilhantes e fantásticas do corpo humano, cujo apreço e reconhecimento, infelizmente, só raramente é manifestado.

A seu modo, as emoções determinam o indivíduo a "conduzir-se" no seu ambiente interior e exterior. Mesmo nos estados emocionais de alegria e prazer, quando a pessoa tenta reprimir este sentimento de conforto, tem como resultado tensões nervosas, o que é sempre sentido com desagrado.

Os estados emocionais mais fortes conduzem-nos à acção capaz de neutralizar ou atenuar esta sensação desagradável. Uma das formas mais caracterizantes e eficazes para os humanos na remoção da tensão provocada pelas emoções, é através da conversa com os outros. O diálogo ou a conversa em grupo é uma forma civilizada, e portanto aceite, de aliviarmos as nossas emoções e suas consequências.

A imprevisibilidade das reacções emocionais

Ninguém poderá afirmar com alguma margem de certeza que um indivíduo ficará em estado de tensão porque as circunstâncias são propícias à criação de um estado de revolta, de ansiedade, de prazer ou de culpa. Como resultado de factores de personalidade e culturais, um indivíduo poderá ficar psicologicamente magoado por um motivo, que, para outro, nas mesmas condições, nem sequer será considerado relevante. Verificam--se casos em que determinadas situações colocam a pessoa em estado de grande ansiedade enquanto que outro indivíduo, nas mesmas circunstâncias, se sente seguro e tranquilo.

As emoções deslocadas do contexto na Interacção Comunicativa

Os estados emocionais obedecem sempre a uma lógica individual para a qual não deverá existir argumentação contraditória por parte de outrem.

Princípio Fundamental:
Os estados emocionais das pessoas são para respeitar!

Não deve ser pelo seu estado emocional, enquanto fenómeno psicológico que o indivíduo seja criticado ou reprimido. **O problema com as emoções é que estas aparecem muitas vezes fora de contexto, de tal modo que nem o próprio consegue exercer um autocontrolo eficaz nessas situações.**

A deslocação das emoções por parte da pessoa é um acto de encobrimento de algo que existe no seu íntimo: **É como a arte do mágico quando faz gestos com a mão direita para desviar a atenção do público daquilo que está em curso na sua mão esquerda.** No caso das emoções, o indivíduo exerce ambas as funções: a de mágico e a de audiência, isto é: pretende encobrir, em relação a si próprio, algum aspecto desagradável ao seu íntimo.

Como gerir as Emoções Individuais ou de Grupo

Gerir emoções no sentido de conseguir uma comunicação eficaz implica a necessidade de conhecimento teórico fundamental sobre este assunto e de método na sua aplicação prática. Existem três pontos fundamentais a atender para se conseguir gerir as emoções do interlocutor de modo a criarem o mínimo de interferência no objectivo da comunicação específica:

a) Encorajar a expressão dos *"feelings"*
As emoções produzem tensão na pessoa e por isso a sua explicitação produz uma sensação de alívio, uma vez que restabelece o equilíbrio

interno da mente. Do ponto de vista do interlocutor, não se deve minorar a importância das emoções, dizendo que elas não fazem sentido ou qualquer outra forma de expressão equivalente. **Para este, as emoções fazem sempre sentido!**

Pelo contrário, o bom comunicador deve escutar com atenção as emoções do interveniente e até assisti-lo e encorajá-lo a expressá-las, de modo a provocar a descarga possível daquilo que constitui interiormente o seu desconforto.

b) Fazer com que o interlocutor ganhe consciência dos seus *"feelings"*.

As emoções são, por outro lado, também algo necessário para dar cor à vida humana. Fazem parte do nosso equipamento para saborear a vida num contexto mais dinâmico, mais hilariante.

O estado emocional distrai no entanto a atenção da pessoa e assim, quando não ciente deste facto, o indivíduo não consegue estabelecer a comunicação efectiva com o interlocutor ou interlocutores porque a interferência emocional pode estar presente sem se dar conta.

Quando o comunicador constata a situação de distracção por motivos emocionais do seu interlocutor deve provocar neste, sem contudo lhe dizer o que está a sentir, um *"feeling"* de aceitação das suas emoções como razoáveis e compreensíveis. Frequentemente a pessoa exterioriza zanga e irritação sem estar consciente do seu estado emocional. Também a manifestação de ansiedade é muitas vezes expressa no secretismo ou, pelo contrário, no excesso de verbosidade sobre um determinado assunto. O afastamento ou isolamento das situações que lhe dizem respeito é outro modo de o indivíduo manifestar ansiedade.

Princípios básicos e fundamentais da interacção comunicativa com interferência emocional:

1. **Aceitar** as emoções sem as criticar.
2. Proporcionar à pessoa, através do diálogo, um modo de **aliviar** as suas tensões, e mostrar-lhe que o seu estado psicológico e a sua atitude é justificável e compreensível.
3. Fazer com que a pessoa **reflicta** sobre o estado emocional em que se encontra.

Sublata causa, tollitur effectus. (Suprimida a causa, cessa o efeito).

4) ESCUTAR NAS ENTRELINHAS DA COMUNICAÇÃO

Quando comunicamos com outrem, emitimos sempre várias mensagens em simultâneo. Uma destas mensagens é explícita nas palavras. Outras mensagens incluídas na conversação são de ordem implícita e de mais difícil determinação.

Implicitamente o indivíduo expressa os seus *"feelings"* sobre aquilo que pretende no momento. Por esta razão, para compreender razoavelmente uma mensagem verbal, há que prestar atenção ao conteúdo implícito nas "entrelinhas" da comunicação. Este facto requer o culto do hábito de análise dos motivos da pessoa interveniente. É óbvio que esta análise deverá ser sempre realizada de forma discreta e com naturalidade sem que a pessoa se aperceba da técnica usada pelo comunicador na interacção.

Na comunicação oral, as mensagens implícitas são observáveis através da sequência e das pausas nas palavras do interveniente. Por exemplo, numa conversação sobre um assunto banal, a elaboração exagerada do assunto e/ou a sua repetição, implicam que o emissor da mensagem está ansioso para que as suas palavras sejam aceites pelo seu interlocutor. Ironicamente, este estado de ansiedade tem um impacte negativo na compreensão da mensagem.

Quando as ideias são trocadas entre partes intervenientes numa conversação normal, existe uma pausa bem determinada entre uma expressão de ideias ou comentário e a resposta consequente. Este ritmo natural é indicador de um processo comunicativo verbal entre intervenientes conhecedores das regras e técnicas da comunicação. Quando não existe tal pausa natural, assiste-se a um processo comunicativo que, no mínimo, se pode considerar ineficaz se não mesmo de pura perda de tempo para ambas as partes (comunicação com elevada interferência ou elevada entropia).

5) DAR E RECEBER "FEEDBACK"

A comunicação verbal tem a vantagem de possibilitar ao Formando receber, em tempo real, "feedback" do Formador às suas questões, ao mesmo tempo que o Formador tem também a possibilidade de aferir no momento a eficácia da sua exposição. Esta frutuosa interacção necessita contudo de ser adequadamente planificada pelo Formador, isto é, a sua exposição de conhecimentos deve ser preparada de modo a obter o que pretende, quer em conteúdo, incluindo as perguntas pertinentes, quer no tempo destinado ao "feedback" pretendido. A preparação do Formador no âmbito de qualquer período pergunta-resposta, é de extrema importância para a eficácia do Programa Formativo em questão.

A COMUNICAÇÃO GESTUAL

Num processo comunicativo existem três componentes a conhecer, todas elas de importância vital para o entendimento pessoal, social e profissional dos intervenientes. Contudo devem ser diferenciadas no contexto analítico e de expressão. Estas componentes comunicativas expressam-se nas formas: **escrita, oral** e **gestual**.

Na forma **escrita**, a boa comunicação deve obedecer principalmente, a critérios de simplicidade, clareza e objectividade. Quando entre o emissor e o receptor ou receptores existe, no final, um "*feeling*" de entendimento quanto à mensagem e às formas de expressão confirmado com suficiente **clareza, objectividade** e **humanismo** que caracterizam esse acto de comunicação, então a missão do comunicador está cumprida com sucesso.

Na comunicação **oral**, a tónica da eficácia recai sobre os mesmos factores da comunicação escrita com a adição do **facto da comunicação gestual**. Esta circunstância impõe uma análise cuidada, onde o comunicador da mensagem deverá atender a alguns aspectos importantes, do *fórum* psicológico, da parte do outro ou outros intervenientes. Como atrás foi dito, a atenção ao estado emocional do interveniente na comunicação é de grande importância em todo o processo de emissão/recepção da mensagem. Na mensagem oral o estado emocional do emissor é bem perceptível para o interlocutor minimamente atento. É ainda de extrema importância para que este possa ajuizar sobre o global da mensagem transmitida.

A vida moderna transformou o comportamento do ser humano de tal modo que o obrigou a viver parte significante do seu tempo de vida em circunstâncias alheias à sua própria condição. O Homem, embora não vivendo cercado pelas grades de um jardim zoológico, devido a causas externas e internas, desenvolve uma interacção com o Mundo que o rodeia caracterizada, sobretudo do lado profissional, pela competição e pela necessidade de garantia da sua própria sobrevivência. Tal facto gera nele próprio uma certa intranquilidade e uma luta constante e incessante. O resultado é a permanente fadiga física e mental, e implicitamente o "*stress*" que é manifesto em todas as suas atitudes na interacção com os outros, particularmente na comunicação **gestual**.

Autores como Desmond Morris defenderam que na sua comunicação gestual, o Homem e o Macaco têm consideravelmente semelhanças, o que nos vincula a uma certa ligação evolutiva em relação a este animal.

A experiência ensina-nos, contudo, que nesta teoria geral se verificam excepções. Por exemplo, na relação do animal macaco com os outros parceiros, o indivíduo dominante destaca-se pelo seu olhar fixo e penetrante sobre os outros enquanto os parceiros tomam uma atitude submissa, baixando os olhos. Esta mesma atitude poderá, de certo modo, ser verificada também nos seres humanos numa relação superior-colaborador hierarquicamente inferior. No entanto há uma excepção constatada que é a de o superior-chefe baixar os olhos na presença do colaborador quando quer terminar o diálogo e afastar-se. Esta é apenas uma das contradições no comportamento do Homem em relação ao seu progenitor macaco(*)'.

A comunicação gestual tem demasiada importância para ser ignorada ou mesmo depreciada quando pretendemos ser eficazes no contacto com os outros. Os gestos são para ser lidos como mensagem "entrelinhas" em todo o processo de comunicação oral.

Gestual communication is a key in understanding the full verbal message.
(A comunicação gestual é a chave no entendimento completo da mensagem verbal).

(*)' Teoria evolutiva do Homem justificada por alguns autores.

A IMPORTÂNCIA DA ASSERTIVIDADE NA RELAÇÃO FORMADOR-FORMANDO

O Formador deve estar atento a múltiplas situações que aparentemente nada têm a ver com o seu pré-concebido objectivo de ensinar as matérias específicas, mas que podem ditar o sucesso ou insucesso no seu trabalho. Aparecem com elevada frequência Formandos com atitudes que não favorecem **o clima de aprendizagem** como previamente idealizado pelo Formador. É no entanto, nestes casos, que o Formador é chamado a exercer competências específicas para lidar com este tipo de situações colocadas pelos Formandos.

A **Assertividade** pode ser designada por uma técnica ou uma atitude apropriada para corrigir algo dissonante nas relações humanas, tendo como padrão aquilo que fora previamente concebido, ao mesmo tempo que se respeitam as ideias e os direitos do outro.

Por motivos vários, um número crescente de pessoas respondem a situações que se levantam no quotidiano com atitudes agressivas embaraçando aqueles que frequentemente apenas pretendem informação, ser ouvidos ou mesmo um pouco de atenção pessoal.

No caso da Formação, a agressividade manifestada na sala de aula pode ter diversas origens e apresentar-se de formas diversas. Exemplos típicos de manifestações de agressividade do Formando estão muitas vezes implícitos como nos exemplos seguintes:

Formando

> *"Vou interjectar neste momento para mostrar a este bastardo (Formador) que ele não sabe do que fala".*

Nesta forma de pensamento agressivo, o Formando poderá actuar interrompendo a aula sem qualquer pedido para falar, dirigindo-se deste modo:

> *"Você diz que as "terras de protecção"(*)' não se devem fazer nos tubos metálicos de distribuição de águas; então diga-me como é que faz para proteger as pessoas na sua casa se nesta as terras de protecção estiverem inacessíveis. Nós apenas estamos aqui a ouvir música!".*

Nesta intervenção brusca e de **carácter agressivo** do Formando o Formador, após alguns segundos de reflexão, respondeu:

> *Penso que você levantou um bom exemplo merecedor de uma pequena interrupção da aula para reflexão:* **(intervenção assertiva por parte do Formador).**
> 1.º *Nós, de acordo com a lei em vigor, não devemos fazer ligações de terra de protecção eléctrica a tubos de distribuição de água. E a lógica desta proibição é a de que o contacto da tubagem metálica com a parede (terra) poderá não ser o melhor, isto é, a tubagem poderá estar isolada da parede em alguma parte da estrutura.*
> 2.º *É evidente para todos nós e penso que também para si que esta medida só se aplica a antigas e algumas instalações existentes de distribuição de água ainda com tubos metálicos.*
> 3.º *Por último, dado que você tem experiências adquiridas nestes trabalhos (e eventualmente haverá outras pessoas aqui também no mesmo domínio),* **eu irei no futuro fazer algumas pausas** *e solicitar algumas ideias próprias vossas sobre as matérias que eu vou expondo. Todos terão a oportunidade de colocar as suas questões nesse próprio momento.*

Neste exemplo, o Formador de modo **Assertivo** respondeu à atitude agressiva do Formando, respeitando-o quanto pode, não deixando de deixar clara a mensagem como gosta que o assunto seja tratado no futuro, isto é, só quando houver pausas apropriadas as questões deste tipo devem ser levantadas.

Outro motivo que leva o Formando muitas vezes a mostrar agressividade é devido à sua própria ansiedade de mostrar aos seus colegas que "sabe o que faz" na sua profissão.

Um exemplo de uma intervenção **agressiva** do Formando devido ao factor ansiedade de exibição pública dos seus valores é o seguinte:

(*)' O caso do exemplo na discussão é sobre um assunto específico no domínio da Electricidade – *terras de protecção*.

> *"Senhor Formador, oiça bem o que eu tenho para lhe dizer acerca do que acaba de nos "vender":*
> *Enquanto eu pessoalmente penso que o que você diz, na teoria está correcto,* (atitude conciliatória), *na prática eu vou dizer o que costumo fazer, sempre com êxito e agrado dos meus clientes ...."*

Este é um exemplo de ansiedade do Formando caracterizando-se pela necessidade psicológica de mostrar à classe dos colegas Formandos o seu valor enquanto "bom profissional".

O Formador instruído em **Assertividade nas Relações Humanas**, pode seguir padrão idêntico ao caso anterior para colocar as suas aulas na "ordem", intervindo deste modo:

> *Formando F..., embora pense que você necessita de mais tempo para nos contar mais experiências que de certo tem, deixou-nos aqui já 2 pontos importantes:*
> *1.° Acompanha com relativa facilidade as teorias que estão a ser expostas e também deixou e ideia de que concorda com elas.*
> *2.° Pode não ter tido ainda tempo suficiente para "ligar" estas teorias à prática do seu dia a dia, e penso que quando o fizer, pode levar as suas competências ainda mais longe! Eu gostaria de falar consigo e com os colegas aqui presentes sobre este assunto quando tiver essa reflexão completa (ligação da teoria à prática). De seguida vou terminar as minhas explicações teóricas para questionar a classe sobre modos de ligarmos teoria e prática de forma eficaz sobre estas matérias.*

"*Omnia mutantur, nos et mutatur in illis*". (Todas as coisas mudam e nós temos que mudar com elas).

O modo do Formador reagir em relação a questões do Formando deve mudar com os tempos!

É bom que o Formador, ao ser criticado do modo indicado acima não se coloque na situação de vítima. Pelo contrário deve mostrar uma atitude positiva perante estes desafios. Deve ser tolerante e respeitador das diferenças individuais, embora exigindo, de modo apropriado, que o respeitem em contrapartida, isto é, que gosta de ser interrompido em termos correctos e em tempo devido.

"*Castigat ridendo mores*". (Corrige os costumes a rir).

Um outro fenómeno verificado com frequência na Formação Profissional é o da **Inibição** da pessoa em manifestar os seus "*feelings*" acerca do que vai na aula. O Formando assume frequentemente uma atitude apagada, auto-desvalorizando-se. Estamos em presença de um indivíduo tímido que não poderá tirar os benefícios reais da aprendizagem.

Estes casos devem ser detectados atempadamente pelo Formador, actuando este no sentido da correcção adequada desta atitude do Formando. Através de grande sensibilidade do Formador, estes indivíduos, tímidos ou "auto-apagados" devem ser "picados" gradualmente, colocando-lhes questões simples e práticas e provocando situações de enquadramento para discussão entre Formandos.

"*In learning processes, to those who are inappropriately silent, nothing better to help than "goading" them, however this work needs a great deal of sensibility!*"

(Em processos de aprendizagem, para aqueles que se mostrem inapropriadamente silenciosos, nada melhor para os ajudar do que provocar mais abertura (picar), contudo este é um trabalho que exige grande sensibilidade da parte do Formador).

Pode ser frustrante sobretudo para o novo Formador partir para esta profissão no pressuposto que tudo lhe vai correr bem, baseado nos seus saberes e experiências profissionais. Os factores humanos a atender são hoje imensos e de variada natureza. Quando tudo é aparentemente bem sucedido, deve ser objecto de registo, porque **sucesso atrai sucesso** e as **leis do determinismo**(*)' podem estar a seu favor.

Igualmente se poderá sugerir ao Formador que partir para o seu trabalho no pressuposto que tudo pode correr mal não é uma assunção recomendável.

Quando algo não corre como se idealizou, o Formador deve sempre optar por uma atitude positiva, aberto à aprendizagem com os erros ou ao melhoramento de conhecimentos aplicáveis.

"*Errando corritur error*". (É com a prática que se vai pouco-a--pouco corrigindo erros, adquirindo saber, experiência e destreza).

(*)' As mesmas causas podem produzir os mesmos efeitos nas mesmas circunstâncias. *(Lei do determinismo na sua adaptação evolutiva).*

PRINCÍPIOS VITAIS NA COMUNICAÇÃO ORAL PARA O SUCESSO DO FORMADOR

A Apresentação <u>Informal</u> na Comunicação Oral

Na apresentação em estilo informal o orador tem ao seu dispor um grau de flexibilidade superior, podendo ser mais criativo na sua transmissão de conhecimentos à audiência. Neste caso, o orador usa frequentemente o discurso na primeira pessoa, isto é, "eu faria", "eu penso", "eu fico" enquanto que num contexto mais formal, usaria as expressões "fazer-se-ia", "pensar-se-ia", "ficar-se-ia", etc.

Num discurso em estilo **Informal**, o orador pode sempre esperar abundante intervenção da audiência nas sessões de pergunta-resposta. Deve portanto estar bem preparado para esta fase da sua apresentação, a qual obedece a princípios-normas geralmente aceites para responder com eficácia às perguntas da audiência.

1.º Princípio:

Tentar conhecer ao máximo a audiência antes da sessão de apresentação. Através da pequena conversa de café, o orador em pose tranquila e observadora poderá captar importantes factos que lhe permitem responder mais directamente às perguntas que lhe são colocadas. Este aspecto é extremamente importante na aceitação do orador pela audiência. Pelo contrário, isolar-se, poderá trazer ao orador grandes dissabores, isto é, fazer uma exposição brilhante e falhar no período pergunta-resposta em que não responde, de modo consistente, claro e convincente às perguntas da audiência pelo simples facto de não ter qualquer referência dos conhecimentos da parte dos participantes. Quando não sabe responder a uma ou outra pergunta, deve assumi-lo claramente e pedir ao participante para deixar o seu contacto, prometendo responder-lhe no mais curto intervalo de tempo (todas as promessas assim feitas devem ser cumpridas!).

2.º Princípio:

Tentar ser eficaz na recepção auditiva da pergunta. Para isso não deve responder apressadamente em caso de não ouvir bem a questão. Estabelecer uma pequena pausa entre a pergunta e a resposta é um bom princípio a seguir. No caso da pergunta não ser digerível, deve pedir ao interveniente para repetir com um pouco mais de clareza.

Em muitos casos o orador traz consigo alguns desenhos, transparências em acetato e meios audiovisuais de elevado grau de exposição informatizada, para complementar a sua comunicação. Neste caso deverá não esquecer alguns princípios de eficácia no seu trabalho:

- Ao expor o seu material complementar (desenhos, meios visuais, *"power point"*, etc.) assegurar a simplicidade das figuras tanto quanto possível, recorrendo a gráficos ou figuras que possam ser tão rapidamente identificadas ou compreendidas quanto possível. Quando existem letras elucidativas, assegurar que o tamanho destas é visível e acessível a toda a audiência. Treinar o manuseamento do equipamento antes do início da exposição.
- Falar pausadamente sobre os desenhos, figuras, quadros, etc. Não bombardear a audiência com números de esquemas na exposição. Seleccionar o menor número possível de representações gráficas que transmitam uma mensagem esclarecedora às audiências.
- Manter uma postura calma e tranquila, tanto quanto possível. A expressão fisionómica de intranquilidade ou ansiedade é contagiosa e portanto desconfortável para a audiência. Se usar cartões-guia na exposição, assegurar que não caem sobre o piso à medida que passa de assunto para assunto. Esta é uma imagem típica de nervosismo que pode ser interpretada pela audiência como insegurança.
- Lembrar sempre que a Comunicação gestual é importante na imagem transmitida pelo orador. A audiência espera aprender, reflectir e passar alguns momentos de bom humor e tranquilidade, não o contrário!

A Apresentação de Meios Visuais na Exposição

O orador deverá apresentar o seu material complementar visual de forma a que a audiência possa tirar de cada desenho, figura, quadro, o benefício da complementaridade para o entendimento cabal do que foi teoricamente exposto. Existem alguns cuidados especiais a conhecer por parte do orador tendo em vista a constatação dessa complementaridade de modo eficaz:

1. A apresentação do material vídeo deve ser feita de modo a seguir uma sequência lógica no seguimento da exposição teórica previamente citada.
2. As figuras apresentadas assim como as legendas devem estar em tamanho suficientemente elaborado para que possam ser claramente vistas na **posição de visibilidade mais desfavorável para a audiência na sala.**
3. A coloração apropriada dos gráficos, desenhos ou quadros quando bem enquadrada pode ter impacte psicológico positivo na audiência. Por exemplo, gráficos sobre dados energéticos devem ter cores claras como amarelo, vermelho; outros referentes a áreas de vegetação devem ser apresentados com cor verde, etc.
4. A exposição em vídeo deverá ser treinada **antes** do início da Comunicação.

Ensina-nos a experiência que, com uma representação gráfica, quando bem apresentada, conseguem-se os melhores resultados na Formação Profissional. É uma complementaridade da exposição teórica não só necessária mas desejável do ponto de vista da satisfação da audiência.

"A good Picture is worth a thousand words". (Uma boa figura vale por 1000 palavras!).

Exemplo:
Distribuição dos Consumos Energéticos – Caso de um Edifício (Hotel).

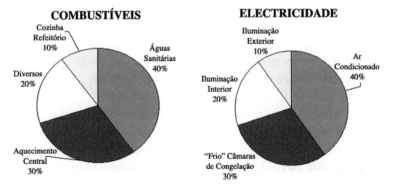

A Apresentação Formal na Comunicação Oral

A apresentação **formal** reveste-se de técnicas e de normas que são geralmente aceites, às quais o orador deve estar atento para conseguir a eficácia desejada.

1.º Princípio:

O orador não deve ler a comunicação para a audiência a menos que se esteja perante condições especiais de discurso.

A leitura do texto cria a impressão na audiência de que o orador não interiorizou o conteúdo da sua exposição, isto é, não está suficientemente convicto da utilidade do conteúdo e da sua própria imagem.

2.º Princípio:

O orador, à semelhança da comunicação informal, deve conhecer, em antecipação, o máximo sobre os interesses e as motivações da audiência.

Com algum conhecimento das motivações da audiência presente, o orador pode e deve preparar-se melhor para a transmissão eficaz da sua mensagem. Por exemplo, pode planear e organizar o seu trabalho na formulação das seguintes questões:

   a) Qual será a atitude mais provável desta audiência durante e depois da exposição?
   b) Qual o grau de entusiasmo, indiferença ou cepticismo que este tópico pode gerar nesta audiência?
   c) Que acção poderá vir a ser tomada pela audiência após esta exposição?
   d) Como devo provocar uma tomada de decisão pela audiência depois desta exposição?

Estes pontos são de relevante importância na eficácia da comunicação que se segue. Isto porque o orador tomou conhecimento das motivações da sua audiência. Deve ter sempre presente que a exposição é para **a audiência, não para o próprio orador**. Para este, tudo o que disser ou toda a atitude que tomar no seu discurso faz sentido!

A Atitude do Orador numa Exposição Formal

Um dos elementos mais importantes numa exposição eficaz é o **entusiasmo** com que o orador se apresenta à audiência. Uma pose entusiástica quer verbal quer gestual é, quando devidamente controlada, inspiradora de confiança no tema que apresenta e no impacte que poderá ter na audiência. Um bom início, isto é, durante os primeiros quatro minutos, é quase decisivo para a audiência criar uma imagem favorável do orador durante o discurso. É o período ideal para agarrar a audiência durante o tempo da exposição, mostrando uma postura física e mental calma, bem-humorada, e de competência responsável.

1.º Princípio:

As audiências só prestarão a devida atenção ao assunto exposto se aquilo que se lhes transmite for mais importante do que o conteúdo já existente nas suas mentes! É portanto necessário o entusiasmo enfático e convincente sobre a importância e a utilidade da comunicação nos presentes.

Os melhores comunicadores são sempre autoconfiantes – sabem o que valem e o que têm para oferecer aos outros!

A autoconfiança é algo que se adquire com trabalho, dedicação e competência, é portanto algo que se pode adquirir ao longo do tempo com disciplina e persistência.

Numa comunicação oral a audiência é "conquistada" em pequenos passos, isto é, numa progressão bem ritmada de modo a que a mensagem se vá alicerçando e erigindo na construção da boa imagem.

2.º Princípio:

Normalmente, o orador é desconhecido para mais de 80% da audiência. Por isso este tem de saber criar no início, a base da sua própria imagem e consequentemente um impacte positivo.

O orador não deve esperar que a transmissão de conhecimentos seja igualmente aceite por todos. Apenas uma pequena parte poderá estar a seguir a sua lógica na exposição. Esta é a situação mais provável e frequentemente constatada na prática. O orador deverá **aceitar** este facto como algo de natural e humano. A obra está no início – tudo se pode construir (ou destruir) nos minutos, horas, dias seguintes!

3.º Princípio:

Persistência e Paciência Activa compensam! É muito importante que o orador, sobretudo o principiante, tenha presente estas duas qualidades que se revelam de extrema importância no crescimento pessoal e profissional do comunicador.

4.º Princípio:

A apresentação pessoal (o vestuário, cabelos, higiene ...) **é particularmente importante no contexto da boa imagem nas apresentações públicas. No caso da apresentação formal (ou informal), o orador não deve nunca menosprezar este aspecto para o sucesso do seu trabalho na comunicação.**

Durante os dois primeiros minutos os olhos da audiência estão colocados, sobretudo a audiência de sexo feminino, na presença corporal do comunicador, seja este de sexo masculino ou feminino. A depreciação deste aspecto no tocante a vestimenta, barba, cabelo e higiene corporal em geral é factor muito importante e pode mesmo, se não bem entendido, ser-lhe fatal para o impacte da sua imagem na audiência.

A COMUNICAÇÃO TÉCNICA ESCRITA E A FORMAÇÃO PROFISSIONAL

Paralelamente ao conhecimento que é necessário sobre as Técnicas de Comunicação em forma Oral, também a Comunicação Técnica Escrita entre os principais protagonistas do Programa, isto é, Organização, Público alvo, Formador e Formandos é essencial para o desenvolvimento harmonioso de qualquer Programa de Formação Profissional.

O modo como a Organização Formadora ou o Formador em particular redige o conteúdo das suas comunicações com os Formandos, Fornecedores e Organização Financiadora externa (se aplicável), constituirá um passo em frente ou à retaguarda no sentido da sua credibilidade em relação a estes ou a outros intervenientes no Processo Formativo. Enquanto a Comunicação escrita deficiente é um mau (péssimo) exemplo para os Formandos, para os restantes intervenientes do processo pode soar a incompetência, desleixo, iliteracia ou inadequação da Organização para a tarefa nobre da Formação Profissional.

Enquanto que os princípios básicos da Comunicação Técnica em forma Escrita são universais para todos aqueles que escrevem, em matéria Formativa este assunto reveste-se de importância especial. No final deste capítulo indicar-se-á um exemplo de aplicação à Avaliação Final de um Programa de Formação onde se poderá avaliar a importância da Comunicação Técnica Escrita e o interesse particular da Organização em concluir um Relatório Técnico de forma estruturada, concisa, clara e objectiva de modo a que os interlocutores possam fazer juízos favoráveis sobre o global dos trabalhos envolventes no Processo Formativo.

PRINCÍPIOS BÁSICOS PARA A ELABORAÇÃO DE UM RELATÓRIO TÉCNICO ESCRITO

COMO APRESENTAR UM RELATÓRIO TÉCNICO ESCRITO

A Estrutura e a Apresentação

Quais seriam as principais dificuldades que um Formador principiante sentiria se lhe pedíssemos para elaborar um Relatório Técnico escrito sobre a evolução da classe de Formandos nos últimos dois meses de instrução?

A experiência confirma que as respostas poderiam ser as seguintes:

- ✓ Como **começar** o Relatório?
- ✓ Como **organizar** a informação e "data" colhidas e como colocá-las na melhor ordem?
- ✓ Como **seleccionar** as palavras mais adequadas no contexto do Relatório?

Faz parte do objectivo deste livro ajudar o leitor a ser mais eficaz na comunicação escrita e oral como complemento do seu trabalho de Formador. **Começando** bem, **organizando** objectivamente a informação e **seleccionando** as palavras, frases e orações, de modo que, no seu conjunto, convença o leitor do seu trabalho/relatório, da sua competência, quer na execução da sua tarefa, quer no modo como expõe os resultados. É este, afinal, o grande objectivo de uma mensagem eficaz por parte do autor – Convencer o receptor da sua **competência, da clareza** e **da honestidade** na transmissão dos seus valores.

– **Quais são então as primeiras perguntas que o emissor deverá fazer a si mesmo "antes de começar" a escrever um Relatório Técnico?**

1. Quem vai (vão) ser o leitor (ou leitores) deste Relatório?
2. O que se pretende com este Relatório?

Abordemos a questão n.º 1 – **Quem vai (vão) ser o leitor ou leitores do Relatório ou de uma Exposição Oral pública?**

O emissor deverá estar consciente de que o Relatório que escreve se destina a outrem, não a ele próprio. Para a pessoa que escreve, tudo pode parecer no seu lugar, tudo lógico, tudo claro! Poderá não ser exactamente assim para o receptor! Com efeito, entre a encodificação da mensagem e a descodificação da mesma, existe um elevado número de factores que poderão interferir na maior ou menor clareza com que a mensagem é recebida. A **interferência** na comunicação, no que se refere à componente psicológica entre dois interlocutores (valores de referência na mente da pessoa), é algo sempre presente, em adição à componente da interferência física que se relaciona com o meio ambiente natural. Aqui o ruído é o factor mais conhecido como prejudicial a uma boa comunicação.

Quando um Relatório escrito se destina a uma pessoa singular, a tarefa do emissor, para ser eficaz na apresentação do mesmo está mais simplificada, uma vez que o leitor pode estar identificado mais facilmente. Os seus traços perceptivos, de concepção e de personalidade podem ser mais facilmente apreendidos pelo emissor. Se o mesmo Relatório se destina a um número restrito de leitores a tarefa de se ser eficaz na mensagem escrita é bem mais complicada. O emissor aqui não pode jamais pensar num só receptor, mesmo que se verifiquem, na perspectiva do emissor, diferentes graus de importância pessoal na recepção da mensagem.

Vejamos então uma sequência que pode levar ao sucesso do emissor na elaboração de um Relatório Escrito:

1.º O que pretenderá o leitor saber após leitura deste Relatório?
O autor (emissor) aqui decide se o leitor (receptor) pretende um simples relato de factos, se espera uma descrição detalhada do trabalho, de circunstâncias ou de quaisquer acontecimentos.

2.º Qual é a preparação do leitor em relação ao assunto específico que o autor se propõe relatar?
A resposta a esta questão deverá servir de base para o início da elaboração do Relatório. O autor deve, à partida, evitar quaisquer vocábulos ou ideias transmitidas no Relatório, que de antemão saiba não estarem adequadas a um bom entendimento por parte do leitor. Conhecedor do leitor ou leitores, o autor de um Relatório, para ser eficaz, deverá adequar sempre que possível o seu estilo, estrutura e colocação de ideias ao leitor ou leitores.

3.º Quais são os resultados esperados quanto ao impacte psicológico no leitor do Relatório?
Neste campo desenrola-se também uma fase importante para a eficácia dos resultados na transmissão da mensagem. O autor decide aqui o que lhe interessa mais, isto é, informar ou persua-

dir o leitor. Se o objectivo é o de informar, o relato dos factos de forma concisa é suficiente **desde que o estilo, a linguagem** e a **estrutura** estejam adequados à compreensão do leitor. Por outro lado, se o que se pretende é a persuasão, então o conteúdo e a forma serão bem diferentes. Neste caso, pretende-se convencer alguém dos nossos valores, a tomar uma acção ou atitude, e portanto todo o estilo, linguagem e até estrutura terão que estar adequadamente pensadas para o objectivo pretendido. Como exemplo deste caso poderá supor-se um Relatório para a chefia da Empresa, destinado a convencer os responsáveis da necessidade da compra de mais e melhor equipamento e de contratar pessoal especializado para executar trabalhos específicos. Claramente, para o autor do Relatório o objectivo é provocar uma tomada de atitude, seguida de acção por parte dos órgãos responsáveis da Empresa.

Outra questão frequentemente levantada ao autor do Relatório é a de se saber "*a priori*", se existem **mais leitores interessados no Relatório**. Se a leitura interessar a um grupo de leitores para além do leitor principal a quem o Relatório é dirigido, o autor deve esforçar-se por conhecer razoavelmente a estrutura mental destes leitores. Poderá haver a necessidade de acrescentar algo mais ao conteúdo para que o impacte positivo seja o mais abrangente possível. É portanto importante, neste caso, que as motivações e interesses pessoais sejam razoavelmente conhecidos no início dos trabalhos de estruturação e de conteúdo do Relatório.

Apresenta-se de seguida um exemplo prático aplicado ilustrando como elaborar um Relatório escrito sobre uma situação na área de trabalho de Manutenção de Equipamento numa actividade industrial.

Um gestor de uma operação fabril pretende extrair de um Relatório elaborado pelo seu mais directo colaborador, conhecimentos sobre a **evolução dos trabalhos de manutenção em curso, incluindo os problemas relevantes levantados com a execução de alguns trabalhos, com a falta ou excesso de pessoal executante, com custos estimados** *versus* **custos correntes nas tarefas desempenhadas e "*timings*" correntes** *versus* **valores planeados.**

Neste caso o autor do relatório tem a tarefa facilitada porquanto sabe de antemão os pontos em que o leitor está mais interessado e o que dele deseja extrair.

O autor do Relatório deverá começar o seu trabalho tendo em atenção, em primeiro lugar, os seguintes aspectos fundamentais:
1.º Quem vai (vão) ser o leitor ou leitores do Relatório?
2.º O que se pretende com o Relatório?
3.º Que impacte no leitor ou leitores se pretende criar?
4.º O que sabe o leitor ou leitores acerca do assunto?

Vejamos a resposta à 1.ª questão levantada pelo autor do Relatório a ele próprio.

Se se trata de um leitor singular, a tarefa do autor está bem mais simplificada pois a resposta a todas as questões está mais facilmente identificada. Aqui o autor deve esforçar-se o suficiente para conhecer razoavelmente o leitor quanto à sua **personalidade**, **motivação** e **interesses**. A mensagem será tanto mais eficaz, quanto melhor o autor **identificar** propriamente o leitor, isto é, a sua estrutura mental.

Em relação à 2.ª questão colocada ao autor, é muito importante que este não deprecie o seu objectivo pelo objectivo, isto é, esteja consciente dos resultados que pretende atingir com a mensagem (Relatório) enviada ao receptor.

O 3.º ponto de grande importância na eficácia da mensagem escrita, é o autor do Relatório – estar ciente, à partida, do impacte psicológico que pretende criar no leitor. Pretende criar um *"feeling"* de apoio moral? Pretende impressionar o leitor com o seu desempenho e entusiasmo no trabalho realizado? Pretende criar no leitor o estímulo para acção tendente a apoiar os trabalhos com meios financeiros e outros? Ou pretende apenas traçar um relato de factos de modo a introduzir dados para a criação de um registo histórico das máquinas e equipamentos em serviço?

4.º A eficácia do trabalho realizado num Relatório Escrito está definitivamente em função daquilo que o receptor pode ou não beneficiar do seu conteúdo, isto é, da sua compreensão daquilo que lê.

Todas estas questões são de importância vital para a eficácia da mensagem escrita. E serão sempre questões que o autor deve levantar **à partida** para o seu trabalho de elaboração do Relatório. Deve o autor ter sempre presente que o Relatório não é para si (excepto os resultados), a "obra" destina-se aos outros e são estes que a vão apreciar ou depreciar!

Como Estruturar o Relatório Técnico

Na estruturação de um Relatório Técnico existe sempre uma tendência pessoal para seguir a exposição na mesma ordem em que se realizaram os trabalhos. Raras vezes se deve aplicar esta regra na óptica da escrita técnica eficaz. Com efeito, se perguntássemos a um Gestor de Empresa como quer o Relatório escrito, a resposta mais provável seria ... "Diga-me rapidamente o que eu mais necessito de saber". Este é o exemplo de como muitos Relatórios escritos devem ser orientados, isto é, com **objectividade e clareza**. Por vezes o autor é tentado a "enterrar" os assuntos principais em amontoados de bonitas articulações o que obriga o leitor a "caçar", de entre muito texto, para si desinteressante, o que mais lhe interessa de momento. Quando isto acontece, o leitor sente-se desmotivado na leitura do Relatório.

Indica-se a seguir a pirâmide básica na estruturação do Relatório Técnico:

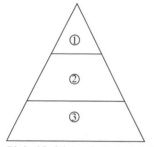

1. Mensagem principal (o que o leitor mais necessita de saber já).

2. Detalhe informativo.

3. Anexos de apoio ao detalhe.

Pirâmide básica do Relatório Técnico

Na elaboração de qualquer Relatório Técnico o autor não deve "perder de vista" os pontos mais salientes do seu trabalho e colocá-los de modo "visível" ao leitor de modo a satisfazer essa grande necessidade do interessado que é: *"diga-me em quatro linhas o que eu necessito de saber já!"*.

Se repararmos na forma como o jornalista de profissão coloca os seus artigos nos jornais diários ou semanais, verificamos os seguintes princípios básicos:

1. O artigo contém sempre uma descrição sumária que constitui o cabeçalho do assunto principal. Este cabeçalho destina-se a chamar a atenção imediata dos leitores.

2. Na notícia o primeiro parágrafo do artigo dá a informação principal, isto é, aquilo que é mais relevante no assunto que se segue. Neste momento o leitor tem o "ingrediente" suficiente para decidir se o assunto lhe interessa ou não ler na totalidade.

Analogia: O primeiro parágrafo de um artigo profissionalmente escrito nos jornais é o equivalente à estruturação da pirâmide no Relatório Técnico. Primeiro deverá colocar-se a mensagem principal para fazer convergir a atenção do leitor para o assunto que se segue. Depois virá a «expansão» das ideias sobre o assunto, sempre num critério de objectividade e clareza seguido de um apêndice com o detalhe necessário ao completo entendimento do assunto, se for caso disso.

O Estilo do Relatório Escrito

Existe sempre alguma "magia" no estilo próprio do autor o que, se bem enquadrado na estrutura adequada, só poderá enriquecer o Relatório. Se o estilo do autor contemplar a linguagem simples, isto é, a **ausência do jargão**, então está de parabéns pois possui já um ingrediente muito importante para o Relatório eficaz! **Nunca esqueça que:**

> **Escrever bem é uma arte que se aperfeiçoa quando se tem à partida a disciplina necessária e suficiente para direccionar o Relatório para um objectivo fundamental – o de ser inteligível ao leitor ou leitores.**

Seja qual for o estilo próprio que o autor do Relatório possua, as questões básicas a levantar serão sempre:

1) Que mensagem deve ser dirigida no começo do Relatório?
2) Qual o nível de vocabulário a ser usado?
3) Quais as ideias mais relevantes a transmitir e a colocar em evidência?
4) Que aspectos devem ser omitidos no Relatório?

Quando se consideram estes factores nasce um estilo próprio que, adaptando-se caso a caso, caracteriza o autor. Quanto ao conteúdo do Relatório é naturalmente necessário ter ideias claras sobre o assunto.

A arte de escrever servirá então para a "montagem" mais adequada e eficaz de colocar essas ideias no leitor de um modo claro, sucinto e objectivo. O nível de detalhe depende sempre do assunto tratado e também dos conhecimentos do leitor ou leitores sobre a matéria versada.

Deve também o autor ter o cuidado necessário para não «cegar» o leitor com técnica ou ciência quando nem o assunto nem o leitor se adequam a tal descrição. **Um Relatório que não pode ser entendido pelo leitor ou leitores a quem se destina está condenado, à partida, a ser um mau Relatório, independentemente da habilidosa articulação com que se apresenta.**

Existem factores condicionantes que constituem condição *sine-quanon* para que o autor se projecte eficazmente no leitor ou leitores:

1. Escreva tão simples, claro e sucinto quanto o possível – Não use o jargão!
2. Use as frases e as orações mais adequadas aos receptores.
3. Evite usar palavras noutra língua que não seja a utilizada no relatório.
4. Procure ser sempre claro, sucinto e preciso, apresentando o nível de detalhe necessário e suficiente. Não se perca em detalhes que possam ser considerados supérfluos pelo leitor.

Exemplo de um Relatório Semi-Formal de Investigação:

CEAAS – Consultores de Energia e Ambiente Associados, Lda.

De: *Eng.º Joaquim António Paulo*
Investigador.

Para: *Dr. José M. Santos Furtado*
Coordenador de Estudos.

Assunto: **Investigação Aplicada sobre fontes de Energias Renováveis a aplicar num Complexo Hospitalar existente na Região Oeste.**

1. **Sumário dos Resultados**

 Foram realizados dois Estudos preliminares ao Complexo Hospitalar: 1) Auditoria Energética ao Sistema Eléctrico e Térmico do Complexo; 2) Investigação dos

Recursos Renováveis existentes na região incluindo a Biomassa, Energia Solar e Eólica disponíveis na zona. Da Auditoria Energética aos itens de Consumo, conclui-se que dos 500 000 €uros despendidos anualmente em Energia, cerca de 20% pode ser economizado com medidas a baixo custo de investimento como seja o melhoramento dos rendimentos dos sistemas de Ar Condicionado, melhorias do Factor de Potência da Instalação e ainda com o aperfeiçoamento do trabalho dos Operadores nos sistemas electromecânicos, através de Formação profissional apropriada.

Da Inventariação dos recursos Energéticos Renováveis na zona e num raio de 20 Km do local de Consumo, encontram-se abundantes recursos biomássicos complementados com valores de Radiação Solar capazes de substituir toda a Energia de origem fóssil presentemente consumida.

2. Antecedentes:

O Complexo Hospitalar vem-se debatendo, desde os últimos cinco anos, com dificuldades financeiras para fazer face aos custos crescentes com a operação global do estabelecimento, consequência de uma dinâmica própria imposta pelos utentes. A Administração tem no entanto adquirido alguma formação específica em matéria de Energia, decidindo-se por um **Estudo de Investigação Aplicada** *capaz de lhe fornecer dados informativos suficientes sobre a viabilidade técnico-económica na substituição da Energia de origem fóssil presentemente consumida por Energias Renováveis que, de um modo singular ou híbrido, substitua por completo o modelo Energético actual, cujos custos anuais orçam em 500 000 €uros.*

3. Objectivo do Estudo de Investigação

Inventariar os Recursos Energéticos Renováveis existentes na zona do Complexo Hospitalar que, de um **modo tecnicamente viável e economicamente rentável** *substitua, na sua totalidade, a Energia de origem fóssil actualmente consumida no Complexo.*

4. Metodologia do Estudo:

Para nos esclarecermos quanto a quantidades de biomassa disponíveis na zona, foram contactados os Departamentos Governamentais das Florestas, Olivicultura e Frutivinicultura. Foram calculadas as quantidades de biomassa disponível anualmente resultante das podas. Elaborou-se um pequeno estudo sobre a logística de transportes na zona donde podemos calcular os dados sobre custos de transporte da biomassa e locais mais acessíveis para a obtenção das lenhas. O detalhe deste Estudo encontra-se em apêndice. Quanto à disponibilidade das Energias Solar e Eólica na zona, foi contactado o Departamento de Meteorologia e Geofísica donde se obtiveram valores de Radiação Solar incidente e difusa para todos os meses do ano e relativo aos últimos 15 anos. Os dados relativos à Energia Eólica constam das velocidades mínimas e máximas dos ventos, sua direcção predominante e frequências para os valores mínimos, máximos e médios.

Com base nestes dados realizou-se um Estudo de **Viabilidade Técnica e de Sensibilidade Económica** das opções donde se concluiu que a melhor solução para o nosso Cliente é a de um **projecto híbrido** com recursos **Biomassa e Energia Solar**.

5. **Síntese dos Resultados: Conclusões e Recomendações.**

Este Estudo indica de modo inequívoco que a Energia actualmente consumida nestas Instalações, toda de origem fóssil pode ser substituída com vantagem, por Energias Renováveis com base na **Biomassa** produzida na zona e complementada com a **Energia Solar** local. O custo total desta instalação é de aproximadamente 1 450 000 €uros e os **custos anuais** da matéria-prima colocada no local de utilização é de 15 000 €uros.

O Hospital deverá recrutar mais três funcionários operadores electromecânicos com conhecimentos de sistemas de queima, os quais deverão ser treinados para a operação e manutenção do novo sistema de produção de calor e de energia eléctrica no Complexo. Os encargos de mão-de-obra adicionais são de aproximadamente 50 000 €uros.

6. **Apêndice.**

Alcobaça, 04 de Novembro de 2005
Joaquim António Paulo
Investigador

Exemplo de um Relatório Escrito de Avaliação Final de um Programa de Formação Profissional. (Relatório Escrito em estilo Semi-Formal).

A Empresa XYZ, Lda após o *terminus* de um Programa de Formação Profissional numa área tecnológica, elaborou, para a Entidade Financiadora, um Relatório Final, cumprindo assim com as Normas pré-fixadas. Indica-se a seguir um dos modelos que a Organização Formadora poderá adoptar para este fim. Quer o nome da Empresa quer o texto são fictícios e servirá este exercício apenas para exemplificar e adaptar a comunicação técnica a casos concretos na Formação Profissional.

Introdução

Na realização deste trabalho tivemos, como obrigação primeira, que acompanhar os dois cursos de Formação Profissional, « "Frio" Industrial e Ar Condi-

cionado» e «Energia Térmica e Ar Condicionado», de forma a garantir o conhecimento da evolução dos Formandos e das suas competências ao longo de 16 meses.

Em segundo lugar, assumiu-se a transparência e a fidelidade com deveres inalienáveis da Empresa Formadora para com a Formação Profissional que permita aos Formandos um conhecimento profundo das técnicas exigidas em cada profissão, tendo em conta que estamos perante Cursos que impõem a cada um a plena consciência dos perigos que a actividade normalmente comporta e da obrigatoriedade de utilizar sempre os conhecimentos teóricos mais apropriados.

Por fim, reservámos para nós o papel de observadores independentes, única forma que possibilita realizar um trabalho que beneficie a XYZ, Lda., como empresa formadora e principal interessada e, também, os futuros Formandos, que só ganharão com a aprendizagem que este relatório permitirá por parte dos Organizadores e Formadores.

É, assim, que avançámos para o presente estudo, que comportará três capítulos distintos:

1. *Análise do comportamento dos Formandos face à Formação;*
2. *Resposta da XYZ, Lda. e dos Formadores, face aos problemas encontrados;*
3. *Avaliação da Formação e Conclusões.*

Antes destes capítulos, explica-se a metodologia aplicada e os objectivos a ela ligados.

No primeiro capítulo analisa-se e explicam-se os diferentes comportamentos dos Formandos (enquanto indicadores de que certas aprendizagens foram adquiridas), tendo em conta a especificidade da Formação em causa, a sua dificuldade intrínseca assim como as metodologias didácticas utilizadas. Procura-se detectar as causas de desistência ou de falta de aproveitamento (não atingir o nível de proficiência), nomeadamente, se essas causas têm a ver com as referidas metodologias ou, pelo contrário, podem ser imputadas a factores externos à própria Formação.

No segundo capítulo analisam-se as respostas dadas pela XYZ, como Entidade Formadora, e pelos Formadores, como agentes especializados com competências Psico-sociais e Técnicas específicas, face aos problemas detectados. Tenta-se verificar até que ponto as respostas podem ser consideradas válidas ou, se pelo contrário, haverá outras que devam ser tentadas em novas acções.

Por fim, no terceiro capítulo, abordam-se os resultados práticos da Formação, nomeadamente no que concerne a sua utilidade para os Formandos, quer ao nível da empregabilidade quer em relação aos seus progressos nas respectivas carreiras profissionais.

Este trabalho só foi possível com a dedicada colaboração dos Formandos, Formadores e quadros da Empresa Formadora.

Metodologia utilizada

Para se chegar aos protagonistas dos Cursos, os Formandos, deve ser usada uma metodologia segura e eficaz de modo a que toda a acção de pesquisa se traduza em objectivos no que concerne ao grau de fidelidade e transparência dos dados colhidos.

O objectivo prioritário é acompanhar a evolução dos Formandos, nomeadamente a sua posição face a esta Formação específica, definir modos e formas de questionário a apresentar aos formandos, um no final do ano X e outro no ano seguinte.

Importa realizar inquéritos verdadeiramente confidenciais, pelo que estes devem ser distribuídos na sala, pelo Formador, e recolhidos num envelope por um dos Formandos, que no final o fecha. Os próprios inquéritos, a fim de preservar a confidencialidade, eram preenchidos apenas com cruzes, sem necessidade de escrever uma só palavra.

Para além das conhecidas técnicas de inquérito, para se ser mais abrangente no contacto com os formandos, privilegia-se o contacto informal, antes e depois das sessões, com vista a sentir os diferentes estados de espírito dos formandos, as euforias e frustrações próprias de uma formação longa (10 a 20 meses).

A recolha de dados deve ser aprofundada, através de entrevistas, por exemplo, mas o facto de se estar, por hipótese, perante activos empregados, os quais ocupam parte do seu tempo livre com a formação profissional, pode obstar a que se tente outra via para chegar à obtenção dos dados objectivos.

Acompanhando a evolução dos conhecimentos adquiridos pelos Formandos, nomeadamente através das classificações obtidas em cada módulo, e o interesse indicado por estes nos respectivos Cursos incluindo a assiduidade às sessões formativas, possível a obtenção de um conjunto de preciosos dados para a Gerência da XYZ, Lda interpolando os Formandos com consistência bastante para elaborar um conciso relatório final que satisfaça cabalmente todos os intervenientes: Empresa Formadora, Formandos e se aplicável Entidade Financiadora e Regulamentadora.

Este trabalho é possível mesmo nas condições difíceis em que por vezes se conduz a Formação, fruto da fraca disponibilidade de tempo por parte dos Formandos e Formadores (estes últimos muitas vezes provenientes de locais longínquos, que os obriga a cansativas viagens antes e após as sessões de Formação).

1. Análise do Comportamento dos Formandos face à Formação

1.° Inquérito

Em primeiro lugar, no caso de existirem 2 Cursos em laboração, Ar Condicionado e "Frio" Industrial, é necessário entender as diferenças de objecto entre os dois Cursos e caracteriza os Formandos, compatibilizando-os com as matérias respectivas.

Assim, enquanto no curso de "Frio" Industrial e Ar Condicionado havia um grande número de formandos ligados à actividade, cujo objectivo, expresso nas entrevistas iniciais e no dia da apresentação, era o de aprofundar conhecimentos e ganhar bases teóricas para uma experiência prática que já existia, (10 Formandos já exerciam actividade na área do "Frio" e Ar Condicionado), no segundo Curso de Energia Térmica e Ar Condicionado, apenas 2 Formandos tinham alguma experiência nas matérias referentes à Energia Térmica, sendo que um estava na profissão há apenas três meses.

Desta constatação pode resultar um o grande desequilíbrio na apreciação final de resultados registados entre um e outro Curso.

Assim, enquanto no curso de "Frio" os "profissionais" acabaram por entusiasmar os restantes, envolvendo-os na profissão, acompanhando-os nas sessões de prática simulada, surgindo como exemplos vivos de êxito profissional e pessoal, no Curso de Energia Térmica os exemplos eram poucos, o entusiasmo pode não ter sido elevado e os vícios de formações anteriormente frequentadas "tocaram" mais forte que o desejo de aprender, e de abraçar uma nova oportunidade.

Tal desequilíbrio pode ser patente no primeiro inquérito (ver exemplar na página seguinte), não só no número de respostas como no conteúdo das mesmas. Efectivamente, enquanto no Curso de "Frio" respondem 15 formandos, no de Energia Térmica só respondem 10.

1º - INQUÉRITO
(__Importante__: Este Inquérito é confidencial, não escreva o seu nome nem outra referência pessoal)

Responda, assinalando com uma cruz no rectângulo respectivo:

Pergunta 1

Qual a apreciação global que faz à formação até ao momento?

Muito boa	Boa	Razoável	Má	Muito Má
☐	☐	☐	☐	☐

Pergunta 2

Os Formadores exibiram __qualidade__ consistente até ao momento?

Muito boa	Boa	Razoável	Má	Muito Má
☐	☐	☐	☐	☐

Pergunta 3

O que pensa da qualidade dos Módulos até ao momento?

Muito boa	Boa	Razoável	Má	Muito Má
☐	☐	☐	☐	☐

Pergunta 4

Qual a qualidade dos textos de apoio até ao momento?

Muito boa	Boa	Razoável	Má	Muito Má
☐	☐	☐	☐	☐

Pergunta 5

Sente que esta Formação e o que está a aprender lhe pode ser útil?

Sim	Não	Talvez	Não Sabe
☐	☐	☐	☐

Curso:

"Frio" Industrial e Ar Condicionado ☐   Energia Térmica e Ar condicionado ☐

O Grupo de Avaliação agradece a sua participação

Os resultados foram os seguintes por Curso:

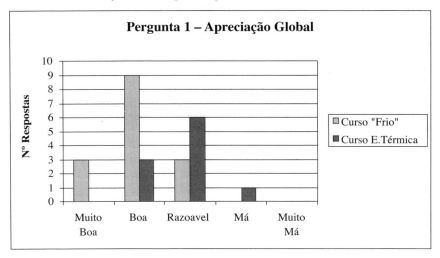

O Curso de "Frio" surpreende pela positiva, já que não nos podemos esquecer que estávamos quase exclusivamente a dar disciplinas da área sócio-cultural. O Curso de Energia Térmica reflecte já alguma descrença.

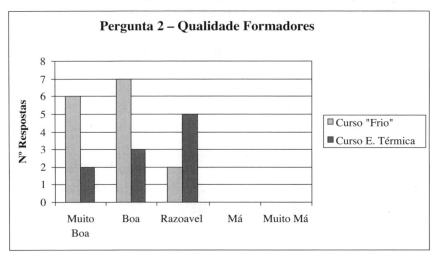

O Curso de "Frio" continua a revelar bastante entusiasmo, já o Curso de Energia Térmica prefere em 50% das respostas o "meio-termo". As respostas a esta pergunta podem estar condicionadas pelo interesse dos Formandos em não hostilizar os Formadores. Dado que a confidencialidade foi garantida pela *forma da recolha e pelo facto de só se colocarem cruzes, esta contingência foi de importância menor que nos inquéritos efectuados no final de cada módulo.*

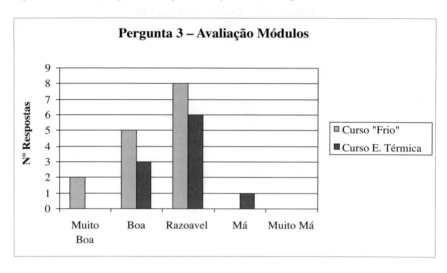

Pese embora a fase em que foi implementado o Inquérito, as respostas à Pergunta 3 revelam uma maior compreensão por parte do Curso de "Frio", relativamente ao Curso de Energia Térmica.

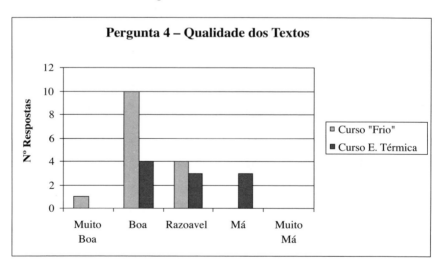

A diferença de respostas tem aqui um interesse significativo já que os textos de apoio, nesta data, foram praticamente os mesmos nos dois Cursos. Mantém-se a constatação de um maior entusiasmo por parte do Curso de "Frio".

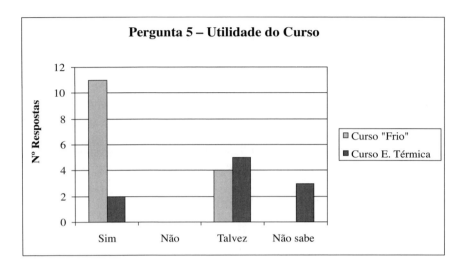

O Curso de "Frio" continuou a demonstrar uma atitude mais positiva, enquanto o Curso de Energia Térmica, à excepção de 2 Formandos, refugia-se no "talvez" ou no "não sabe".

Atitude dos Formandos

Ficámos assim a perceber algumas das diferenças entre os frequentadores dos dois Cursos. Procurámos, de seguida, encontrar as causas dos desequilíbrios detectados.

A primeira tentação foi verificar se haveria uma diferença de idades que justificasse, em parte, a diferença de posição face à Formação Profissional.

A resposta a esta dúvida está no quadro seguinte:

Média das Idades dos Formandos por Curso

Curso de "Frio" Industrial e Ar Condicionado	Curso de Energia Térmica e Ar Condicionado
29.7	29.9

É evidente que não estará neste indicador a solução dos desequilíbrios detectados. Porém, se compararmos este Quadro com o seguinte, que tem a ver com a média de idades dos formandos que terminaram os Cursos e tiveram aproveitamento, já chegaremos a possíveis soluções.

Média das Idades dos Formandos aprovados por Curso

Curso de "Frio" Industrial e Ar Condicionado	Curso de Energia Térmica e Ar Condicionado
31.0	24.7

Este último Quadro diz-nos que no Curso de "Frio" os mais velhos permaneceram, ajudaram a regular os comportamentos, entusiasmaram os mais novos. No Curso de Energia Térmica, pelo contrário, os mais velhos terão desistido, não funcionando como exemplo, pelo que a entrega dos Formandos foi menor.

A segunda razão procurada pode ter a ver, como já se disse anteriormente, com o facto de haver no Curso de "Frio" uma dezena de profissionais ligados ao sector do "Frio" e Ar Condicionado, facto que não se verifica de todo no Curso de Energia Térmica.

Ainda uma terceira razão pode fazer sentido e prendeu-se com o elevado número de Formandos por Curso. Ao definir como número máximo os 20 formandos, a XYZ, Lda. poderia estar a negligenciar uma efectiva escolha dos que apresentavam condições para frequentar Cursos com tão elevado grau de dificuldade. A empresa poderá, no futuro, limitar o número de Formandos por curso a 15.

Entretanto, assistiu-se a uma série de desistências no curso de Energia Térmica. Entre as explicações dadas, quando interrogámos os desistentes, constatámos razões de dificuldade do Curso, nomeadamente nas disciplinas que exigiam conhecimentos de Matemática, Física e Electricidade Geral. Também foram constatadas dificuldades em preencher o horário pós-laboral de quatro horas. Possivelmente estes Cursos não devem ser leccionados em períodos de tempo superiores a 3 horas/sessão. Nenhum dos desistentes apresentou posteriormente, como desculpa, a falta de qualidade dos Cursos ou dos Formadores.

Nos Cursos que seguiram o seu desenvolvimento de forma equilibrada, constatou-se que as classificações dos Formandos eram aceitáveis, mostraram melhores resultados no Curso de "Frio" e um pouco menos no Curso de Energia Térmica.

Na verdade, a partir de certo momento, apareceram desistências provocadas por alterações à situação laboral dos formandos, nomeadamente mudança de emprego, duas situações no curso de "Frio" e outras duas no curso de Energia Térmica, que não estiveram todavia ligadas ao êxito e interesse nos Cursos assinalados. Em algumas regiões do país ainda existem Empresas que ao tomarem conhecimento da existência de Programas de Formação Profissional evitam contratar indivíduos envolvidos nestes Cursos ou mesmo acabar contratos com aqueles que os frequentam. Estes factos criam sérios embaraços quer aos Formandos quer às Empresas Formadoras, sobretudo àquelas que apostam seriamente nesta actividade.

2.º Inquérito

O segundo Inquérito foi, como disse anteriormente, realizado numa fase em que o cansaço dos Formandos é esperado e em que, por outro lado, a proximidade do final entusiasmava os mesmos.

O Inquérito em si (ver exemplar na próxima página), não é, na essência, muito diferente do primeiro. Contem cinco questões, todas com objectivos e texto idênticos.

2º - INQUÉRITO

Importante : Este Inquérito é confidencial, não escreva o seu nome nem outra referência pessoal

Responda, pondo uma cruz no rectângulo respectivo:

Pergunta 1

Qual a apreciação global que faz à formação até ao momento?

Muito boa	Boa	Razoável	Má	Muito Má
☐	☐	☐	☐	☐

Pergunta 2

O que pensa da qualidade/assiduidade dos formadores até ao momento?

Muito boa	Boa	Razoável	Má	Muito Má
☐	☐	☐	☐	☐

Pergunta 3

O que pensa da qualidade dos módulos até ao momento?

Muito boa	Boa	Razoável	Má	Muito Má
☐	☐	☐	☐	☐

Pergunta 4

O que pensa da formação prática que já teve, incluindo a qualidade das Visitas de Estudo realizadas ?

Muito boa	Boa	Razoável	Má	Muito Má
☐	☐	☐	☐	☐

Pergunta 5

Sente que esta Formação lhe pode vir a ser útil no futuro ?

Sim	Não	Talvez	Não Sabe
☐	☐	☐	☐

Curso:

"Frio" Industrial e Ar Condicionado ☐   Energia Térmica e Ar Condicionado ☐

O Grupo de Avaliação agradece a sua participação

Este Inquérito foi respondido por 11 Formandos do Curso de "Frio" e 8 Formandos do Curso de Energia Térmica, ou seja, 73% e 80% respectivamente dos Formandos que responderam ao primeiro inquérito.

As respostas demonstraram globalmente um interesse redobrado pelos módulos então a decorrer, mais ligados directamente às competências próprias da profissão, com disciplinas práticas cuja frequência foi sempre muito do agrado dos Formandos.

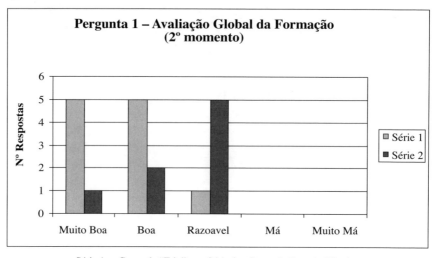

Série 1 – Curso de "Frio"   Série 2 – Curso de Energia Térmica

A qualidade dos Formadores é reconhecida pela maioria dos Formandos, nomeadamente no Curso de "Frio". No Curso de Energia Térmica registaram-se alguns problemas com a assiduidade de alguns Formadores das disciplinas específicas de Caldeiras a Vapor e Água Quente (CVAQ), pelo que o resultado não foi tão positivo. Tal facto deve-se à dificuldade de se conseguir o concurso de Formadores especializados em Energia Térmica, tendo sido as ausências atrás referidas motivadas normalmente por atrasos devido a longas distâncias percorridas e também por motivos profissionais.

*Apesar deste facto, a avaliação que os Formandos fizeram aos Formadores foi considerada positiva, havendo a registar que nenhuma resposta atribuiu **muito má** qualidade aos Formadores. Porém, a Empresa Formadora XYZ Lda ganhou novo conhecimento no que se refere à evolução normal dos Cursos de Energia Térmica, onde as dificuldades em encontrar Formadores foram algo muito negativo para o sucesso dos referidos Cursos. A ilação principal a tirar é a de que a Empresa deve procurar formar e contratar localmente os seus próprios Formadores.*

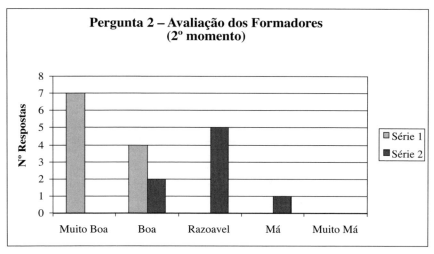

Série 1 – Curso de "Frio"   Série 2 – Curso de Energia Térmica

No que respeita aos módulos frequentados curiosamente o interesse é similar ao do 1.º Inquérito. Embora se esperasse uma melhoria, dado que tal aconteceu relativamente aos Formadores, pensamos que nesta pergunta o cansaço foi mais importante e determinou em grande medida a resposta.

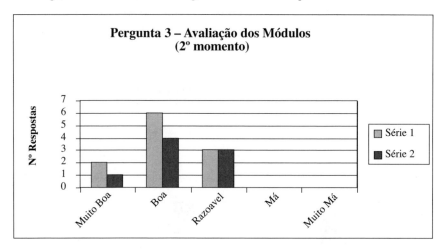

Série 1 – Curso de "Frio"   Série 2 – Curso de Energia Térmica

A 4.ª pergunta foi diferente da que elaborámos no 1.º Inquérito, procurou-se saber, neste segundo momento, o que pensavam os Formandos sobre as disciplinas mais práticas.

Como se esperava, as respostas foram muito mais positivas em relação ao primeiro inquérito, principalmente no que respeita ao Curso de "Frio".

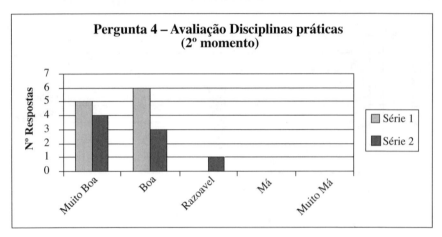

Série 1 – Curso de "Frio"   Série 2 – Curso de Energia Térmica

Também a consciência do interesse do Curso para o futuro de cada Formando é maior, resultado, sem dúvida, do trabalho efectuado por Formadores no que toca à consciencialização do interesse da profissão no desenvolvimento pessoal e social dos Formandos e do reconhecimento, por parte destes, da importância das matérias ministradas e dos conhecimentos adquiridos.

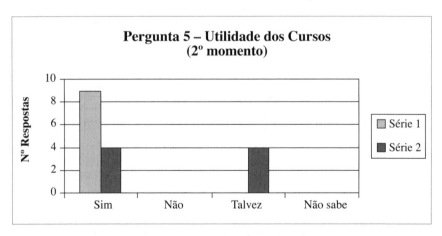

Série 1 – Curso de "Frio"   Série 2 – Curso de Energia Térmica

A alteração da posição dos Formandos face à Formação foi uma clara demonstração de que os Cursos estavam a alcançar os objectivos pretendidos, ou seja, permitiram no final que os Formandos estivessem mais conhecedores, mais conscientes, e sobretudo mais disponíveis para o seu próprio desenvolvimento pessoal e para mais felicidade económica da região onde se inserem.

Resumindo, os Cursos em causa, pese embora algumas falhas detectadas, nomeadamente na assiduidade de alguns Formadores, fruto da algumas "falhas" da XYZ, Lda. em matéria de contratação de Formadores para Cursos de longa duração, sobretudo devido às enormes distâncias a percorrer por parte destes Formadores até ao local da Formação, é de relevante salientar, que não obstante estas adversidades, os Cursos obtiveram um grau de sucesso considerável.

2. **Análise das Respostas da XYZ, Lda. e dos Formadores aos problemas postos pela Formação**

2.1. **Problemas Didácticos**

Os problemas com a metodologia formativa dos Cursos Tecnológicos foram, à partida, aqueles que pareceram mais complicados de resolver, já que as exigências dos Cursos poderiam colidir com os baixos conhecimentos dos Formandos, nomeadamente no que se refere à Matemática e à Física.

Porém, verificou-se com a evolução dos Cursos não ser esse o principal obstáculo ao aproveitamento por parte dos Formandos, sobretudo no Curso de "Frio" e Ar Condicionado. Na verdade, as notas finais de 15 valores para este Curso demonstraram uma certa eficácia dos Formandos na aquisição das competências necessárias, sendo que as notas nas disciplinas mais teóricas não diferiram das restantes.

No Curso de Energia Térmica e Ar Condicionado o problema da falta de bases já se colocou com outra acuidade. As classificações de cada módulo não são tão homogéneas como no Curso de "Frio", porém as grandes diferenças reflectem não só a falta de bases de alguns dos Formandos mas, também, a falta de empenho. A heterogeneidade de conhecimentos anteriormente adquiridos foi uma adversidade constatada para o sucesso do grupo.

De qualquer forma, a XYZ, Lda. procurou incutir nos Formadores a preocupação de explicarem as bases, nomeadamente no que toca aos princípios matemáticos e físicos, procurando que os Formandos adquirissem, para além das competências práticas, as competências teóricas necessárias a uma correcta percepção da metodologia utilizada na resolução dos diversos problemas técnicos que, no futuro, poderão surgir na prática profissional.

O maior obstáculo, no entanto, foi sem qualquer dúvida a falta de motivação de um grande número de formandos, acomodados à sua situação, sem ambição suficiente para produzir a mudança necessária à melhoria das suas condições profissionais e de vida.

A XYZ, Lda. elaborou um conjunto de acções visando a motivação dos Formandos, a saber:

    a) Jantar – Convívio entre a Empresa, Formadores e Formandos;
    b) Sessão de Esclarecimento com a presença de especialistas nas matérias curriculares;
    c) Visitas de Estudo a Hotéis e Hospitais da região;
    d) Visitas de Estudo a uma Central de Cogeração;
    e) Reuniões periódicas entre a Gerência da XYZ, Lda. e os Formandos (reuniões bimensais);
    f) Reuniões periódicas com os Formadores de modo a acertar métodos pedagógicos.

Desta dinâmica resultou que foi possível manter um empenhamento assinalável no Curso de "Frio" e, principalmente, salvou-se o curso de Energia Térmica.

A XYZ, Lda. esforçou-se na procura de soluções e verificou, com agrado, o êxito da maioria das acções levadas a cabo.

2.2. Problemas ligados à falta de Formadores

Um das maiores dificuldades nesta Formação Profissional prendeu-se com a dificuldade em obter uma carteira de Formadores qualificados simultaneamente detentores do CAP. Esta questão que poderá até parecer simples, nem sempre o é. O Formador desejável é aquele que exerce a sua profissão na área da Formação específica.

Um outro aspecto é constatado em regiões deprimidas, onde a Indústria praticamente não existe, aí é extremamente difícil encontrar Formadores devidamente credenciados para Formações de longa duração.

A solução encontrada: – Contratar Formadores de outras regiões do País – é a que se apresenta com maior viabilidade. Porém, a resolução da carência de Formadores por esta via traz normalmente outros problemas que, inicialmente, podem não ser equacionados.

Em primeiro lugar, como referido anteriormente, criou uma maior tendência para a falta de assiduidade dos Formadores, dado que esta situação os obrigava a percorrer grandes distâncias, antes e após as sessões de formação.

Em segundo lugar, tratou-se de uma solução que apresentou algum "desajustamento" na Formação, já que esses Formadores não eram conhecedores daquela realidade regional, sua cultura e comportamentos específicos, etc.

Com as reuniões de Formadores a XYZ, Lda. procurou harmonizar estas dificuldades, o que, de certa forma, veio a acontecer. Mas, existem sempre excepções que confirmam as regras, num determinado módulo específico, alguns Formadores demonstraram alguma insensibilidade insensibilidade, nomeadamente na assiduidade, embora tenhamos que compreender as dificuldades próprias das distâncias a percorrer, a verdade é que criaram nos Formandos uma já elevada propensão para a indisciplina temporal.

De qualquer forma, foi possível cumprir o programa estipulado, pese embora a referida falta de assiduidade que, como seria normal, reflecte-se no menor número de horas leccionadas. Este é um ponto de "aviso" para se ter em conta em qualquer estrutura empresarial de Formação Profissional.

3. *Avaliação Geral das Acções*

Tendo em conta todas as dificuldades expressas anteriormente, a Empresa XYZ, Lda. é de opinião que as acções de "Frio" Industrial e Ar Condicionado e de Energia Térmica e Ar Condicionado, levadas a efeito na região A e cidade B, entre o mês X e o mês Y do ano seguinte, tendo como exemplo, a fonte financiadora o Plano Operacional Emprego, Formação e Desenvolvimento Social (POEFDS), pode atingir o objectivo com sucesso no quadro de uma **qualificação e reconversão profissional**.

Para os formandos, os efeitos imediatos da Formação fizeram-se sentir na sua colocação profissional, conforme podemos atestar pelo quadro seguinte:

Cursos	Formandos de Início na profissão	Formandos no Final na profissão	Formandos Colocados
Curso de "Frio"	10	14	4
Curso Energia Térmica	2	5	3
TOTAL	12	19	7

Acresce que 4 dos colocados não terminaram o Curso respectivo por pressão das entidades patronais no que concerne a cedência de tempos livres para a Formação Profissional.

Este relatório é indicador da importância que se reveste o processo de Avaliação na Formação Profissional. É um processo com resultados mensuráveis, quer em números representativos (escala de classificações) quer qualitativamente em termos da Eficácia e da Eficiência no cômputo geral das Acções Formativas.

Paralelamente, a Avaliação quando exercida de modo contínuo tem a utilidade suprema de poder detectar atempadamente dificuldades latentes nos Formandos, dando acesso a correcções metodológicas apropriadas.

Os critérios e os objectivos na Formação Profissional são, no momento actual do país, de elevado valor no sentido económico e social do termo. Dadas as dificuldades que este processo envolve, devido sobretudo a experiências menos felizes no passado, a "aventura" das Empresas de Formação Profissional trabalhando para melhorar o mercado de trabalho em todo o País, preparando técnicos capazes de responder às exigências cada vez maiores das Empresas, devem ter o mérito de ser devidamente motivadas pelo Governo Português.

QUESTÕES ESSENCIAIS NA COMUNICAÇÃO PARA O SUCESSO DO FORMADOR

Os seres humanos, na sua essência, são dotados de duas qualidades que associando-se podem levar o indivíduo ao sucesso em muitas das suas diligências na realização pessoal e profissional. Pelo contrário a ausência de qualidades essenciais ou de modos de estar na vida, actuam normalmente em sentido contrário desviando a pessoa do sucesso que pretende. São estas as necessidades psicológicas básicas: 1) a necessidade de **afirmação** do ser enquanto ser e 2) possuir uma *self-imagem* apropriada.

Isto quer dizer que quando a pessoa se esforça por se afirmar perante a sociedade e é possuidora de uma *self-imagem* positiva e coerente com essa atitude, o sucesso normalmente espreita-a e aparece-lhe mesmo.

Quando, por outro lado, a necessidade de afirmação é acompanhada de uma postura contrária, disfuncional e incoerente com a sua *self-imagem*, o indivíduo é normalmente mal sucedido naquilo que pretende. Nesta última circunstância, é necessário e urgente que a pessoa aprenda os ingredientes da **mudança**, isto é, consiga que a imagem que tem de si próprio seja coerente com a sua necessidade de "crescimento" pela afirmação.

É necessário que o Formador Moderno esteja atento <u>a cinco características dos Formandos que podem constituir um bloqueio à aprendizagem e daí ao desenvolvimento pessoal e profissional</u>. Deste modo o Formador ficará mais capacitado, com mais eficácia, para desempenhar a sua função nobre e utilitária.

Essas características são as seguintes:

<u>1.º Princípio</u> – Resistência à mudança.

Os seres humanos são apanhados numa teia de hábitos dos quais todos nós temos dificuldade em sair. Mas também **não queremos** sair porque é aqui que nos sentimos na nossa zona de conforto.

Este aspecto intrinseco ao nosso ser é de tal modo importante que condiciona todos os nossos **pensamentos**, **sentimentos**, e até as nossas **atitudes e acções**. Os hábitos, de facto, governam uma grande parte das nossas vidas.

Para termos uma ideia mais concreta sobre o que os hábitos podem fazer de nós, vejamos o exemplo seguinte:

Exemplo

Um chefe de departamento quis ter uma conversa com um seu funcionário para o ajudar a fazer as suas tarefas de um modo mais simples para si mesmo e para a Empresa. A conversa estabeleceu-se como segue:

(Antão – Chefe de Departamento)
Joaquim, você tem feito um bom trabalho de supervisão mas há alguma coisa que gostaria de esclarecer consigo. Alguns dos funcionários que comanda queixam-se que você é duro cada vez que lhes encontra um erro, seja ele pequeno ou grande. Enquanto se queixam deste facto, dizem também que quando há boas coisas não há uma palavrinha de apreço!
Você, Joaquim, sabe que uma pessoa gosta sempre de uma "palmada nas costas" quando, honestamente ela for merecida!

(Joaquim – Chefe de Equipa)
Não entendo porque é que esta gente não cresce mais e depois aparece a fazer comentários destes! Eu não acredito em mimar pessoas lá porque fazem uma ou outra coisa bem feita. É para isso mesmo que eles aqui estão!

(Antão – Chefe de Departamento)
Eu não lhe sugeri isso, ou seja que você ande com os meninos ao "colo" quando fazem as coisas bem ou até quando choram. Mas quero dizer-lhe que as pessoas, sobretudo no seu trabalho, gostam de ter uma referencia, isto é, de saber quando as coisas vão bem. Isto é bom para a moral deles, para a imagem de si próprios (self-imagem) e, do ponto de vista da nossa Empresa, também é bom porque os motiva para o trabalho

(Joaquim – Chefe de Equipa)
Senhor Antão, você sabe que quando um homem ou mulher sabe o que faz ele/ela está consciente disso, não é preciso dizer-lhe! Olhe, experimente você a dizer-lhes isso, e no dia seguinte espere por pedidos de aumento de ordenados....

(Antão – Chefe de Departamento)
Joaquim, você está consciente que temos um exemplo, o Manuel que é um bom trabalhador, aprende com facilidade qualquer tarefa que se lhe dê e dá-se bem com os colegas. Já lhe deu alguma palavra de apreço?

(Joaquim – Chefe de Equipa)
Esse é bom realmente mas eu não o vou cumprimentar por isso, pelo menos nos próximos tempos. E você sabe porquê? Se o fizer ele fica muito orgulhoso e vai abrandar o ritmo! Eu conheço bastante bem estes homens. Temos que os fazer sentir que ainda têm muito caminho para andar!

Este é sem dúvida um exemplo claro de como os hábitos controlam (ou podem controlar) os pensamentos das pessoas. Neste caso, Joaquim, não querendo deixar hábitos adquiridos desde há muito tempo, conseguiu reunir argumentos próprios para, consistentemente, combater os juízos mais racionais do seu chefe Antão.

2.º Princípio – Entender a preocupação da pessoa para se escutar a si mesma antes de escutar os outros:

Quando nos dirigimos a outra pessoa para lhe comunicarmos algo, que até pode revestir-se de suficiente importância para nós, não deve significar que o seja igualmente importante para o receptor. Para o emissor convencer o receptor a escutá-lo com um grau de atenção satisfatória (100% de atenção é uma impossibilidade) é necessário que naquele momento o que se tenta transmitir seja mais importante do que tudo o que vai na mente do receptor. Se esta condição não se verificar (e a maior parte das vezes não se verifica) há apenas um **aparente** gesto de atenção e escuta da parte do receptor. Neste caso apenas uma pequena porção de conteúdo da mensagem é retida pelo receptor.

Muitas vezes quando o receptor da comunicação enfrenta situações difíceis de resolução, este tende naturalmente a desviar o assunto para uma série de "coisas" irrelevantes ou mesmo banais. É este um *"by-pass"* que surge naturalmente para aliviar a pressão psicológica que naquele momento incide sobre o indivíduo.

Neste contexto o **Formador** deve estar atento a três formas de o Formando manifestar falta de atenção àquilo que se lhe transmite.

1) **O Formando faz perguntas desnecessárias ou fora do âmbito da discussão**. Neste contexto temos um sinal de que o assunto em

discussão pode ter sido ouvido mas não entendido. Entender é bastante mais do que simplesmente ouvir. Entender um assunto é construir um "puzzle" através dos mecanismos da mente, e que tem como resultado o de deixar algo organizado no íntimo do receptor.

2) **O Formando faz comentários irrelevantes**. Neste caso tem-se um sinal de separação total entre o que vai na mente do Formando e aquilo que se lhe pretende transmitir. Apenas aquilo que vai na mente do Formando lhe interessa discutir nesse momento. Este é um verdadeiro momento de alerta para o Formador. Há uma verdadeira tentativa para o desvio do assunto principal da aula, por parte do Formando quando este faz comentários irrelevantes.

3) **O Formando tenta trazer à discussão um assunto que anteriormente foi respondido e clarificado**. Este é um caso também com particular interesse para o Formador porquanto as respostas, muito provavelmente, nunca foram assimiladas pelo Formando limitando-se este a querer "virar" ao princípio. Um exemplo desta situação é relatado entre Manuel e Marta ambos Formandos de um Curso de Informática. A marcação de férias entre ambos após o *terminus* do Curso foi tema *modelo* para clarificação deste caso:

Manuel:
Marta, nós finalmente podemos ter as nossas férias marcadas. As minhas podem ser nas 3 últimas semanas de Outubro. *É melhor fazermos os nossos planos*. Este é um bom sítio porque vão ser naquela mesma praia que vimos o ano passado.
Marta:
As últimas semanas de Outubro? Isso será fantástico! Tenho que comprar alguma vestimenta, uma de Verão e outra de Outono/Inverno, para saborearmos bem essa praia durante todo o tempo!
Manuel:
A praia é bela e vai adorar estar nesse paraíso!
Marta:
Já sabes quanto eu aumentei de peso nos últimos 4 meses? – 4 kilogramas. Isto é o que se chama umas férias de peso!

Podemos ver neste exemplo como as questões e as conversas não levaram a parte alguma (excepto, claro, a uma praia no meio do Outono//Inverno!).

Ambos, Manuel e Marta estavam a falar sem se ouvirem mutuamente. Cada um destes indivíduos teria, no momento da comunicação, a sua preocupação pessoal, o que lhes retirava qualquer possibilidade de prestarem atenção mútua. Provavelmente ao Manuel interessa estar de férias à beira mar sem se preocupar com os banhos de mar enquanto Marta estava mais preocupada com os seus ganhos de peso nos últimos tempos!

3.º Princípio – O forte desejo de ouvir o que se pretende.

A percepção do conteúdo ouvido na comunicação pode ser drasticamente alterada por motivos de **desejo do receptor em ouvir o que pretende** naquele momento. Este é o poder mágico de um desejo que tem força suficiente para modificar o conteúdo de uma mensagem recebida. Esta situação, não raramente constatada em sessões de Formação, pode alterar a impressão favorável do Formador em relação ao Formando, ou o contrário, em certos momentos da interacção destes. Na tendência permanente dos humanos para comparar o que ouvem com os conteúdos que existem latentes nas mentes, por vezes fazemos precipitar conclusões que nada têm a ver com a mensagem transmitida.

Os desejos dão cor às nossas vidas, umas vezes "cores brilhantes e positivas", outras vezes "cores escuras e negativas". O maior ou menor desejo de ouvir o que interessa é um aspecto que só ao fim de certo tempo de contacto o Formador estará em condições de identificar no Formando. Uma vez identificada esta característica, a relação Formador/Formando pode ser bem melhor compreendida e portanto mais proveitosa. O Formador deve procurar separar, de um modo apropriado, o conteúdo que deseja transmitir do conteúdo "agarrado" pelo Formando para pura satisfação psicológica, isto é, o seu desejo de ouvir apenas o que lhe convém para seu conforto próprio. Esta percepção por parte do Formador leva a esclarecimentos adicionais de modo a que o Formando possa fixar a mensagem real que se deseja transmitir e não a mais confortável ao seu ouvido.

Esta situação pode ser representada num simples exemplo.

Durante uma conversa entre um Vendedor de certo produto e o Agente de Compras estabeleceu-se o seguinte diálogo:
  Amadeu *(Vendedor):*
  Você, António, com franqueza diga-me se gosta do nosso produto ou não.

António *(Agente de Compras):*
Sim gosto. O vosso material é bom, contudo a competição prega partidas e temos quem nos venda o mesmo por menos. E é isto que mais conta para nós!
Amadeu:
Bom mas como você é um cavalheiro, vai dizer-me por quanto menos a competição está a tentar entrar.
António:
Você sabe bem que todos nós devemos trabalhar com ética e isso que me pede contraria esse princípio. Por outro lado a qualidade por si só, não é mandatório para nós, o que mais nos interessa é que tenhamos sempre quantidades suficientes. Para além disto não nos interessa mais nada. O vosso competidor responde sempre com o produto em quantidade suficiente.
Amadeu *(um pouco confuso com a resposta):*
Pronto. Já entendi ... o que você me disse ... mas (?).

Este exemplo foca a **dualidade de significado** numa conversa quando aquilo que se diz não é o que se pretende dizer, o que conta é, neste caso, o que vai na mente e que actua como uma referência para os juízos que se elaboram.

4.º Princípio – A falsa assunção de garantia.

Resultado de interacções pessoais múltiplas, habituamo-nos a fixar referências de atitude que frequentemente não correspondem minimamente à realidade.

Algumas pessoas avaliam frequentemente as outras com certa "garantia" de que as relações humanas uma vez estabelecidas no passado terão, em iguais circunstâncias, as mesmas respostas, ou a mesma atitude na resposta que encontraram anteriormente. Nada mais errado! Os seres humanos estão em permanente mudança quer fisiológica quer psicologicamente.

Por exemplo, um indivíduo poderá inferir que o indivíduo recipiente da sua mensagem, pelo facto de a ouvir silenciosamente poderá estar a aceitar tudo o que se diz. Em qualquer cultura, Ocidental ou Oriental, esta premissa não é verdadeira. O receptor poderá estar a discordar silenciosamente de quase tudo o que ouve!

Em situações de Formação Profissional a característica do Formando em fazer falsas assunções de que **os resultados estão garantidos, e portanto a importância do que se explica é relativa e talvez de menor**

valor, poderá levar a situações ambíguas na relação Formador/Formando, se entretanto o Formador não se aperceber atempadamente do que vai na mente do Formando específico com esta característica pessoal.

Nestas situações, no Formador que poderá (deverá) levar o seu trabalho com brio, gera-se alguma frustração porquanto sente que o Formando dá por garantido aquilo que nunca o deverá estar, isto é, a sua aprovação final no Curso.

Vejamos em relação a este assunto um exemplo no qual o médico e o paciente estabelecem uma conversação em que o paciente esteve silenciado durante quase toda a consulta, apenas se manifestando no final:

Dr. Alberto *(médico):*
Você tem uma bronquite aguda. Tenha os cuidados que lhe vou assinalar: Tome aspirina de composição x, y, z ...
Tome estas pílulas 4 vezes ao dia.
João *(paciente):*
Bom já percebi que isto (a doença) não é muito sério! O que pode ter causado este problema em mim?
Dr. Alberto:
Eu posso dizer-lhe que talvez um vírus que apanhou de outra pessoa ou pessoas com quem contactou.
João:
Então, penso que poderá ter vindo da minha mulher, será que me devo afastar dela?
Dr. Alberto:
Bom, você não tem que fazer isso que me diz, no entanto não se aproxime muito durante algum tempo.
João:
Então os comprimidos, tomo-os com água fria ou quente?
Dr. Alberto:
Não, use apenas água morna.
João:
Eu penso que já entendi tudo ... E os comprimidos fazem engordar?
Dr. Alberto:
Não, provavelmente você não entendeu tudo mas em resposta à pergunta digo-lhe que os comprimidos não fazem engordar.
João:
Bem então com esta explicação toda eu quero agradecer-lhe e digo-lhe que já aprendi aqui hoje quase tudo acerca desta doença.

Este é um exemplo em que se reconhece facilmente a tendência humana em fazer inferências sobre o que ouve, assumindo que o seu entendimento é completo quando o não é. O Formador com atenção suficiente a esta característica poderá situar bem melhor o grau de aprendizagem dos Formandos, recorrendo a sessões de pergunta/resposta nos últimos minutos das suas sessões de Formação. O assunto sobre **inferências na comunicação** e suas implicações na eficácia do entendimento entre pessoas e particularmente na Formação é de grande importância para o trabalho do Formador e para a Organização que representa. Sugere-se adicional leitura relacionada. (Ver bibliografia recomendada neste livro).

5.º Princípio – A tendência das pessoas para o Secretismo:

A tendência para o secretismo é, de um modo mais ou menos acentuado consoante as características de personalidade da pessoa, uma constante nas relações interpessoais.

Nos casos mais extremos, reservam-se, inibem-se de comunicar, para não deixar que o seu interlocutor "saiba de mais" sobre o que lhe vai na mente. Neste caso actua em defesa própria, recorrendo à inibição do seu mundo interior.

Em situações de Formação Profissional esta característica, que se pode manifestar de forma acentuada no Formando, implicará sérios problemas na Eficácia da aprendizagem.

Numa situação deste tipo, o Formando poderá recorrer a um comportamento de secretismo em relação à sua pessoa, por causas diversas: receio de dar a conhecer os seus pontos fracos, receio de se exceder em conversas e ficar com remorsos e ansiedade excessiva após a sua abertura aos outros.

As implicações deste tipo de comportamento são diversas e normalmente lesivas para o Formando. O Formador deverá, com tacto suficiente, "tirar a tampa ao tacho", isto é, moderadamente tentar fazer-lhe perguntas sobre coisas simples, não comprometedoras até que o Formando se "liberte" pouco a pouco dos medos que o afligem.

Vejamos um exemplo de como esta característica pessoal se pode manifestar nas relações interpessoais:

Um director de pessoal entrevista um candidato a um trabalho na Empresa e o diálogo estabelece-se como segue:

Dr. Albino *(Entrevistador)*:
(após alguns minutos de explicação sobre a Empresa)
Você agora já está mais habilitado a dizer-me algo sobre si e como se revê dentro desta Empresa, não é verdade?
Miguel *(Entrevistado)*:
(olhando nervoso para o Entrevistador)
Eu trabalhei numa estação de gasolina e num Banco espanhol.
Dr. Albino:
Que trabalhos realizou nestes sítios?
Miguel:
Em qual dos trabalhos? Nas Bombas ou no Banco?
Dr. Albino:
Nas bombas.
Miguel:
Vendedor.
Dr. Albino:
O que é que vendia?
Miguel:
Gasolina e gasóleo.
Dr. Albino:
Diga-me mais acerca do seu trabalho, como gostava dos clientes ... etc.
Miguel:
O que é que o senhor quer saber?
Dr. Albino:
O que você quiser contar ... diga tudo ...
Miguel:
Eu penso que depois de 2 anos e meio de trabalho fiz tudo o que me pediram e fiz bem.
Dr. Albino:
Então fale-me, em relação ao trabalho no Banco.
Miguel:
Ah! esse foi um trabalho que fiz enquanto era estudante no Ensino Secundário.
Dr. Albino:
Diga-me mais como se sentiu aí, como se relacionava com os clientes do Banco, etc. ...
Miguel:
Ah – Aí esteve sempre tudo bem!

É óbvio que Miguel apresentou nesta Entrevista uma característica negativa para a Empresa a que se candidatou e não haveria um só

Director de Pessoal que pudesse com algum rigor profissional contratar esta pessoa.

Este exemplo marca bem a dificuldade de comunicação com um indivíduo de característica baseada no secretismo individual.

A ÉTICA PROFISSIONAL, O RECONHECIMENTO E A ATITUDE DO FORMADOR

A conduta ética no desempenho da função nobre do Formador constitui ponto de partida e de chegada na sua incursão pelos caminhos do sucesso. Em médio e longo termo é impossível qualquer crescimento profissional e pessoal sem adoptar uma conduta eticamente aceitável. São cinco os princípios do poder Ético: O **Propósito**, o **Orgulho**, a **Paciência Activa**, a **Persistência** e a **Perspectiva**. Estes ingredientes na conduta profissional do Formador são inseparáveis e condição "*sine qua non*" para uma caminhada de progresso pessoal, profissional, organizacional e consequentemente para a sociedade em geral. No caso da Formação, procurar o comportamento imediatista na apresentação de um tema com o fim exclusivo de cumprir o tempo de trabalho e não a da transmissão de algo útil em novos conhecimentos ao recipiente Formando é reprovável sob qualquer critério de utilidade pública. Quando ouvirmos alguém "despejar" algumas palavras vãs de significado para apenas cumprir missão e esperamos pelo resultado final, é como esperar que um saco vazio se mantenha de pé; aguarda-se apenas a derrocada. Não poderá haver respeito por quem toma tal atitude e nos causa o desperdício do mais importante recurso não renovável das nossas vidas æ o tempo.

A Ética Profissional e os Princípios subjacentes são melhor explicados com exemplos. Vejamos um deles:

Manuel em idade infantil gostava de viajar com o pai, este por sua vez conhecido na terra por "pé pesado". Um dia foi apanhado pela polícia quando Manuel viajava com ele. O pai apressou-se a juntar uma nota de 50 €uros à carta de condução. Ao Manuel, com apenas 5 anos este acto não passou despercebido, e ficando surpreendido comentou: – Então, o que é que o pai fez?

Pai: Está tudo bem meu filho, isto é uma brincadeira minha. Aqui todos fazem assim!

Entretanto, Manuel foi crescendo, e acompanhando o pai noutros episódios idênticos, e evoluindo à sua maneira. Quando tinha 19 anos entrou numa competição para a obtenção de uma bolsa de Estudos Superiores.

Sendo o Manuel um fraco aluno no Ensino Secundário e alguns dos seus colegas concorrentes bastante superiores, resolveu "chegar-se" a um dos responsáveis pela comissão do concurso, (o qual era adepto fervoroso de futebol, assim como o Manuel), demonstrando-lhe as suas potencialidades no futebol. Manuel, através de alguns contactos verbais com o seu admirador de talento futebolístico, acabou por receber a bolsa que pretendia para prosseguir os seus estudos em engenharia, como desejava. Não estando todavia bem consigo mesmo, sentindo a injustiça que criou aos colegas, expôs os seus remorsos aos pais. Resposta destes ao Manuel: Não tenhas problemas deste tipo rapaz. Por cá toda a nossa gentinha faz o mesmo.

Entretanto, já no Ensino Politécnico, no prosseguimento dos seus estudos em Engenharia, Manuel foi abordado por um Finalista de Curso no sentido de lhe facultar um Relatório Final completo sobre determinada matéria, a qual seria entregue ao professor com o seu próprio nome. Manuel aceitou pagando 100 €uros pelo trabalho do seu "amigo". De novo, repleto de remorsos, contou tudo aos pais. A resposta dos pais não tardou. Então estás de novo com os mesmos problemas? Deves aprender a viver neste paísinho onde nasceste! Toda a nossa gentinha toma isto como normal! É assim a vida real!

As coisas poderiam ter corrido bem a Manuel por mais tempo só que o seu Professor João Raposo, metódico e de comportamento ético-profissional irrepreensível, detectou, através de interrogatório, na discussão do trabalho que todo aquele Relatório era de autoria alheia a Manuel. Este, confessando o sucedido ao Professor J.R., teve como desfecho a expulsão da Escola. Magoado e descrente dos seus princípios, Manuel desabafou uma vez mais aos seus pais, mas agora sobre o sucedido. A resposta dos pais desta vez foi imediata e de tom severo para Manuel: "Como é que te meteste numa alhada destas! Deixaste-me a mim próprio e à tua mãe com uma má imagem social! Nunca te ensinámos coisas dessas! Todos nós estamos profundamente tristes com a tua atitude! Sempre te dissemos que se pode sempre fazer tudo, mas só desde que seja bem feito!

Neste caso é bem explicito que a deturpada educação de casa é mais de meio caminho percorrido para uma conduta eticamente reprovável não obstante se possam obter alguns eventuais pequenos sucessos de curta duração. Nas sociedades socialmente desenvolvidas não é possível, geralmente, a médio/longo termo qualquer cidadão obter um grau de desenvolvimento profissional e humano digno atravessando caminhos tortuosos e desviantes em termos ético-sociais.

ALGUMAS PALAVRAS SOBRE O RECONHECIMENTO ÉTICO-PROFISSIONAL DO FORMADOR E O IMPACTE CONSEQUENTE NA SUA ATITUDE

À medida em que rasgados avanços na Ciência e na Técnica se verificam nos nossos dias, impõe-se cada vez mais a necessidade de que a orientação dos Profissionais e das Sociedades em geral se regule por princípios éticos. Nos países socialmente desenvolvidos as Ordens Profissionais actuam e controlam as questões ético-profissionais com elevada eficácia. Esta deve ser a tarefa prioritária de uma Ordem Profissional. A outra também importante é a de promover a actualização de conhecimentos dos seus membros. Nunca as tarefas relacionadas com a qualidade do ensino deverão ser controladas por uma Ordem Profissional. Esta é tarefa dos Ministérios de Educação. As relações interpessoais tornar-se-ão caóticas a médio termo se os valores Éticos em inúmeras situações sócio-profissionais, não forem mais controlados com base no respeito à própria Sociedade. Infelizmente os princípios Éticos e Morais das Sociedades em geral não têm acompanhado os enormíssimos trabalhos científicos e tecnológicos dos últimos 50 anos. Antes pelo contrário, tem-se verificado uma deterioração destes princípios com prejuízos enormes para as Sociedades neste mesmo período de tempo.

Não obstante o facto inegável de que a conduta humana de sucesso se deve pautar pelos nobres princípios Éticos e Morais, é necessário que o Profissional em geral e o Profissional Formador, aqui visado em especial, estejam atentos às contradições sobre os comportamentos humanos de maior ou menor grau de desempenho que se verificam nas mais variadas Organizações Públicas e Privadas. No Portugal de antigamente dizia-se que "*o que parece é*". Pelo contrário, é da constatação mais elementar do comportamento humano, que muito frequentemente, sobretudo na actividade profissional ", *o que parece não é*"!

Por exemplo, no funcionalismo público e não só, as oportunidades para comportamentos eticamente desviantes são imensas por razões diversas: posições de poder obtidas por vias muitas vezes duvidosas e acesso a informação confidencial, são tentações permanentes a condutas eticamente desviantes. São inúmeros os casos que **diariamente** nos chocam e que atingem severamente os direitos mais legítimos das populações, sobretudo aquelas económica e socialmente mais fragilizadas.

AS CONTRADIÇÕES: O ÉTICO-PROFISSIONAL E A CULTURA DA ORGANIZAÇÃO

O Formador Profissional deve estar direccionado não só para a transmissão de conhecimentos, mas também para a aprendizagem cognitiva e para o seu próprio enriquecimento cultural. O Formador determinado lê, estuda, actualiza-se e utiliza as suas experiências para aprender e para reflectir mais e melhor.

Pode parecer-nos, que nestes "movimentos intelectuais e profissionais" não existem quaisquer impedimentos retardantes do seu próprio e legítimo desenvolvimento. Não é exactamente assim, infelizmente! Existem seres humanos dentro de qualquer Organização que se colocam sempre ou quase sempre em oposição às ideias e conduta dos outros, por mais que, no seu íntimo lhes reconheçam a maior utilidade. Estas pessoas têm necessidade de um rival ou de um inimigo. Exultam quando conseguem reconhecer que obtiveram uma vitória sobre o rival colega, por mais imbecil que seja essa atitude, essa "vitória". Por outro lado, existem pessoas dentro das Organizações que procuram evitar a competição e quando são obrigadas a entrar em confronto de ideias sentem uma sensação de inutilidade e/ou perda do seu tempo em lidar com tais situações.

Enquanto que a personalidade combativa existe nas Organizações normalmente para defender o seu "castelo", emerge também outro tipo de personalidade que é essencialmente aberta e generosa. Este tipo apoia quem lhe parece fazer algo útil, quem inventa, quem constrói. Esta é a sua forma de conforto, de felicidade. No oposto está o tipo humano dominado pela desconfiança, pelo receio, pela inveja. Esta pessoa perante um colega de trabalho que opta pela competência, pela utilidade, pela ética profissional, sente um impulso constante de contrariedade, de destruição.

Em tudo isto o mais enganador e decepcionante é que normalmente ambas as personalidades explicam as suas razões comportamentais de tal modo justificantes que o incauto é levado a inferir que em qualquer caso está a defesa da Organização. Nem sempre! O indivíduo de personalidade aberta, generosa, está normalmente seguro de si e orienta-se para resultados, para a utilidade do seu trabalho. Sente-se bem ao redor daqueles que criam. Por outro lado a pessoa fechada, matreira, invejosa, orienta-se numa lógica de afirmação do seu *"ego"*, do seu valor. Pretende exclusivamente mostrar a alguém que é única e indispensável.

Este indivíduo é um travão a toda e qualquer iniciativa de progresso pessoal, profissional e organizacional. É neste ponto que o Profissional em geral que se pauta por princípios éticos, deve estar atento. É necessário na Organização saber distinguir as palavras das atitudes e acções daqueles com quem se partilham ideias, inovações e instrumentos de progresso. Infelizmente, nem todas as energias são aproveitadas nas Organizações e este é o grande problema da actualidade. Por razões egoístas quando a "defesa do castelo" está primeiro, não importa muito a competência, a conduta ética profissional ou a utilidade humana. A verdade é que todas as sociedades pagam por isto.

Os exemplos de comportamentos humanos baseados na intriga, na inveja e em outros atributos medíocres nocivos para qualquer progresso social abundam nas nossas Organizações privadas ou públicas.

Por exemplo, quando encarregamos uma pessoa com os caracteres acima referenciados para prestar ajuda a um colega, os resultados são sempre catastróficos, quase sem excepção. O potencial humano do ser invejoso, intriguista, não tarda em criar obstáculos e fazer críticas infundadas ao sujeito que supostamente iria ajudar. São inúmeros os exemplos como o que segue:

> *Num grande estabelecimento de Ensino, o Director de Departamento já com idade avançada e de personalidade insegura pretendeu impedir que outro mais jovem passasse a ocupar um lugar de responsabilidade no mesmo Departamento. Para bloquear todas as hipóteses ao jovem candidato fez com que entrassem para o Departamento dois novos professores. Um destes novos docentes era de característica tipo desconfiado, invejoso, humanamente medíocre, e não tardou em criar alguns embaraços ao candidato. O segundo elemento admitido pelo "velho" Director era de tipo aberto, bem formado e de comportamento ético-profissional irrepreensível. Embora o "velho" Director pretendesse que este, também, fosse intensificar a luta contra o jovem a "abater", o segundo elemento admitido, pelo contrário, tornou-se um apoiante fervoroso do jovem. Como resultado, o "velho" Director chegou ao seu termo sem poder vingar os seus intentos, isto é, criar um ambiente humano a seu belo prazer não importando, ou secundarizando, a eficiência e a eficácia do funcionamento da Escola.*

Infelizmente é assim em múltiplas situações e em Empresas e Instituições. Só que em Organizações públicas o resultado destes comportamentos é mais directamente imputado aos contribuintes, o que constitui um problema seríssimo a resolver na actualidade e nos tempos de futuro próximo.

Dois tipos de personalidade diferenciados, um aberto, ético-profissional e generoso e outro carregado de inveja, de ciúme e de comportamento egocentrista, quando colocados em situação de chefia nas mesmas Organizações, dão resultados completamente desastrosos para o progresso das mesmas e para as pessoas com quem interagem.

O tipo generoso, capaz e aberto oferece às Organizações e às pessoas a possibilidade de prosperarem, enquanto o segundo tipo de personalidade, pelo contrário, irá seleccionar colaboradores de tipo bajulador e medíocre mostrando o maior desprezo e desconfiança a todos os que se mostram com capacidade, com independência ou autonomia. É o corte com o desenvolvimento pessoal e profissional do indivíduo e por consequência com a eficácia e eficiência da Organização. Atributo que na língua anglo saxónica se apelida de *"mobbing"*(*)'.

Nestas Organizações com pessoas do segundo tipo de personalidade, acabam por ficar os mais medíocres, mais retrógrados e ao mesmo tempo os melhores bajuladores do chefe e os mais acérrimos defensores da burocracia existente qualquer que seja o sentido utilitário da mesma.

"Gerir tendo como objectivo interesses pessoais é como jogar futebol com olho na baliza e não na bola".

(*)' Mobbing – caça e destruição das mentes pró-evolutivas, social e organizacionalmente úteis.

DIREITOS E DEVERES DO FORMANDO

O Formando inserido em qualquer Programa de Formação, seja este pago pelo próprio, pela Empresa, por Fundos Públicos/Comunitários ou por um misto das partes, a partir do momento em que inicia as suas actividades formativas, fica sujeito a **Direitos** e **Deveres** sobre os quais deve exercer as suas exigências ou o seu cumprimento.

A lógica subjacente a este compromisso (contrato) é fácil de explicar:

1) Quando qualquer Programa de Formação é colocado em prática há um conjunto de recursos que lhe estão subjacentes, que são designadamente Recursos Técnicos, Humanos e Financeiros.
2) Há um tempo de início e de *terminus* da Actividade Formativa e por consequência uma oportunidade de sucesso ganha ou perdida quer para a Entidade Formadora quer para o Formador e Formandos com todas as implicações onde o acto Formativo pode incidir.

Ao Formando é portanto suposto reflectir sobre a sua conduta no que respeita a esta actividade:

Direitos Gerais do Formando

1. O Formando tem o **direito** de conhecer as regras (estatutos) da Entidade Formadora enquanto impliquem condições gerais e específicas do Programa Formativo onde está inserido.
2. O Formando tem o **direito** de conhecer o Programa de instrução e a ser instruído capazmente sobre as matérias a que se candidatou, recebendo suficiente explicação sobre os detalhes do seu programa, nos primeiros dias de instrução.
3. O Formando uma vez admitido no Programa tem o **direito** de expor as suas dúvidas durante as aulas, à sua maneira, tendo no entanto de verificar com o Formador qual ou quais os momentos

mais oportunos para receber os esclarecimentos complementares que pretende sobre as matérias.
4. No caso da Formação subsidiada, o Formando tem o **direito** de receber o respectivo subsídio em intervalos de tempo a determinar pela entidade. Deve ser informado sobre esta matéria nos primeiros dias de instrução.
5. O Formando tem o **direito** a ser respeitado dentro da sua actividade formativa em plena concordância com o legitimo benefício de cidadania que é a Formação Profissional.
6. O Formando tem o direito de participar em actividades reflexivas com os seus colegas sobre modos de melhoramento da eficácia instrutiva para melhor aprendizagem, e apresentar de modo considerado socialmente correcto, as recomendações ao Formador.

Deveres Gerais do Formando

1. O Formando tem o **dever** de respeitar os estatutos da Organização Formadora que devem ser do seu conhecimento (e a ele devem ser apresentados) desde o início da Formação.
2. O Formando tem o **dever** de se manter no programa que iniciou a menos que apresente à Organização justificação razoável em contrário.
3. O Formando tem o **dever** de respeitar o Formador e/seus colaboradores assim como os seus colegas Formandos dentro da actividade Formativa.
4. O Formando tem o **dever** de responder em tom aceitável às questões sobre as matérias que lhe sejam colocadas pelo Formador.
5. O Formando tem o **dever** de ser pontual, respeitando o horário de Formação pré-estabelecido, a menos que apresente razoável justificação sobre o contrário.

AS CINCO ESTRELAS DA NOBRE PROFISSÃO DO FORMADOR MODERNO

A profissão de Formador exige do indivíduo um empenho permanente em tudo o que se relaciona com o desenvolvimento e aperfeiçoamento humano, paralelamente à actualização permanente das competências técnicas da estrita função de transmissor do conhecimento específico. É por isto uma profissão nobre, porque utilitária e espiritualmente enriquecedora, porque envolve o "dar e receber" que são ingredientes da maior elevação humana. É um trabalho digno de prestígio pelo impacte social e económico dos seus resultados, e é possivelmente a melhor e mais eficaz alavanca para o crescimento económico e consequentemente para mais prosperidade social.

Para mais integração europeia **deve** Portugal **fazer mais e melhor** nos aspectos relacionados com o Desenvolvimento Pessoal dos cidadãos e na Formação Profissional. Enquanto o índice de produtividade em Portugal se situar aquém do valor médio da U.E., existirá sempre uma oportunidade para a elevação da Cultura e da Formação Profissional dos Portugueses. As melhores condições de vida terão necessariamente de nascer e de ser acompanhadas pela melhoria de atitude na cidadania, na cultura pessoal e por uma Formação Profissional capaz de criar nas pessoas mais saber, mais capacidade para a mudança necessária.

São cinco as principais estrelas orientadoras da profissão de Formador na actualidade:

1. *C*ompetência adquirida nas matérias que se transmitem aos Formandos. *Actualização permanente dos saberes a transmitir.*

2. **A**titude caracterizada pelo **entusiasmo e confiança própria** capaz de transmitir e "contagiar" os Formandos nesta atmosfera psicológica de inegável interesse para uma aprendizagem eficaz.
3. **H**onestidade e Integridade em toda a interacção com os Formandos. A credibilidade ganha-se com o valor profissional e com o ingrediente "sine qua non" da honestidade. Saber dizer aos Formandos quando não se está seguro da resposta é muito importante. Como o é dizer que se vai estudar o caso e que a resposta virá num curto período de tempo. Cumprir tudo o que se promete é vital para a credibilidade do Formador.
4. **É**tica profissional é para ser respeitada (regra de ouro). Os valores da Ética são como o ferro, a areia, o cimento e a água na construção dos pilares da obra. É um modo de ligar os vários elementos respeitando as leis aplicáveis e as condutas profissionais de modo a criar-se a **solidez** de carácter pretendida.
5. **T**olerância activa, **H**umildade e **P**ersistência nos objectivos são valores nobres do Formador competente. Paralelamente à sua competência técnica, é no saber fazer-se respeitar respeitando, que se encontra um dos maiores "segredos" do sucesso para o Formador Moderno e Gestores de Recursos Humanos em geral.

Competência nas Matérias a transmitir.

– Competente não é aquele que foi ... É o que foi e que continua a ser. Só o aperfeiçoamento contínuo, quer no domínio técnico quer pessoal pode levar o Formador Moderno ao sucesso. Vivemos num período de contínuas e céleres transformações quer nos domínios científico e tecnológico, quer no domínio das ciências humanas. O recipiente de qualquer Formação está normalmente interessado em saberes que o levem à aplicação imediata – *"diga-me em primeiro lugar o que eu posso aprender aqui hoje para aplicar amanhã"*.

Frequentemente o Formador não está preparado para enfrentar certo tipo de mentes que muitas vezes fazem parte da aprendizagem. No decorrer das últimas duas décadas apareceram motivações de grau muito diversificado na comunicação social o que leva sobretudo os jovens a formar ideias sobre os assuntos mais diversos e expô-las, por vezes, de modo que seria impensável há 30 – 40 anos atrás. Este facto por si só leva o Formador, frequentemente, a ter que actuar como um "competidor" com os pensamentos e ideias pré-formadas por parte dos Formandos. *"Ninguém pres-*

tará dedicada atenção ao que se lhe transmite se as matérias, e os modos de as transmitir, não forem competitivas com tudo aquilo que vai na alma do recipiente da aprendizagem naquele momento". Este princípio por si só leva o Formador a uma contínua observação sobre os motivos principais dos seus Formandos, isto é, sobre aquilo que mais os prende ou distrai das matérias em questão. Os hábitos adquiridos pelo Formador no desempenho da sua função pode levá-lo a actuar com estilo idêntico ao que adoptou anteriormente sem escutar e entender os motivos principais dos novos Formandos, na busca de igual satisfação e sucesso. Nada de mais errado. Cada grupo transporta para a sala ou laboratório de Formação uma composição de motivos diferentes a que é necessário dar uma resposta específica e adequada em relação à interacção eficaz entre Formador e Formando.

Entenda-se que a experiência alimentada com hábitos de realizar determinado trabalho de forma repetitiva sem entrar em conta com a especificidade comportamental dos Formandos, pode constituir um entrave ao sucesso do Formador. O que fazemos **por hábito** deve ser interpretado como tal. A condição de hábito no modo de realização de uma tarefa é confortável mas pode ter custo elevado.

Indica-se um exemplo para melhor clarificação deste assunto:

"O pai encontrou o filho a serrar uma árvore cujo trabalho já levava 4 horas de duração.

Admirado com a exaustão do filho interrogou-o: o que estás a fazer há tanto tempo?

Filho: estou a serrar esta árvore mas como vê estou à beira da frustração total sem concluir esta tarefa!

Pai: Porque não paras 10 minutos e ao mesmo tempo afias os dentes à serra?

Filho: O pai está correcto, isto iria mais rápido mas não tenho esse tempo para afiar a serra. Estou na esperança de que este trabalho chegue depressa ao fim e com sucesso".

Este é o exemplo mais simples de como se pode levar uma tarefa à exaustão, frustração ou insucesso por não se querer quebrar as regras dos hábitos adquiridos.

"Omnia mutantur, nos et mutamur in illis". (Todas as coisas mudam e nós mudamos com elas).

A competência do Formador Moderno pode estar em causa por razões diversas. É necessário dar-se atenção a um conjunto de matérias periféricas ao assunto central a transmitir. Por exemplo, uma brilhante exposição das matérias sem ouvir e responder eficazmente às questões levantadas sobre as mesmas pelos Formandos, pode anular todo o brilhantismo e eloquência exibido anteriormente pelo Formador. Este é um assunto de **comunicação efectiva** referido anteriormente neste livro.

Honestidade na interacção com os Formandos – princípio base da credibilidade profissional.

O Formador embora exerça a sua profissão, normalmente com pessoas em idades adultas, não deixa de ser mais uma referência no comportamento humano para o grupo que ensina.

Ao contrário das normais relações de trabalho em que a retribuição é proporcional às actividades desenvolvidas, o trabalho do Formador Profissional e bem assim o subsídio para os Formandos (se aplicável) não é normalmente avaliado com o mesmo espírito, isto é, o de premiar materialmente o melhor Formador ou o melhor Formando. Do ponto de vista legal, quando o contrato de Formação termina, ninguém deve nada ao outro. Há no entanto algo indubitavelmente marcante que é o grau de satisfação não só da aprendizagem das matérias mas sobretudo na relação humana transmitida pelo Formador aos Formandos. Indivíduos há, Formadores e/ou Formandos para quem estes atributos passam despercebidos. É mais uma viagem curta com desconhecidos sem deixar "rasto". Na maioria das situações há contudo algo que fica de positivo ou de negativo na interacção. Os seres humanos dividem-se em muitos tipos de carácter mas há dois destes que separam nitidamente os socialmente mais utilitários dos outros. No primeiro grupo estão aqueles que dão mais do que lhes é exigido. No segundo grupo estão os que dão exactamente ou menos do que deles é esperado. Existe até uma minoria que procura fazer o mínimo que lhe é legalmente possível.

Em qualquer destas situações existe algo em comum, que é: *todos os indivíduos destes três grupos de pessoas estão legais do ponto de vista contratual*. Se todo o trabalho, formativo ou não, fosse transparente, linearmente simples e baseado apenas na legalidade contratual, os elementos dos três tipos de indivíduos atrás referidos seriam muito dificilmente distinguidos.

Por detrás da acção de cada indivíduo na realização do seu trabalho, exercendo mais esforço, ou limitando-se a cumprir apenas mínimos legais, coloca-se a questão da **honestidade** e **integridade**, conceitos que muitos pensam, erradamente, já banidos do dicionário das relações laborais e por conseguinte das referencias humanas. Estes conceitos estão, pelo contrário **actuais e são de importância vital** para todos aqueles que na sua vida profissional activa pretendem projectar-se na sociedade com sucesso a médio/longo termo.

A honestidade pessoal como a integridade de conduta, cria confiança nos outros com quem se interage e estes valores são indispensáveis a qualquer percurso profissional. A falta destes valores pode criar sérias barreiras à progressão pessoal e profissional por melhores que sejam os valores específicos da profissão.

O conceito de integridade do indivíduo vai além da própria honestidade. A virtude de ser honesto significa dizer a verdade, isto é, fazer corresponder as palavras às acções na vida real. Integridade na conduta humana implica fazer corresponder a realidade às palavras que se pronunciam, o mesmo é dizer que aquilo que se promete é verificado na realidade dos factos. O indivíduo, que ao momento da sua contratação faz fortes promessas de empenhamento futuro nas suas tarefas, e posteriormente falha na integridade da sua conduta pessoal, isto é, limita-se a realizar o mínimo possível de acordo com leis gerais, poderá ter alguns dissabores na avaliação justa do seu valor.

Uma das melhores demonstrações da integridade de conduta humana é a de ser leal àqueles que, tendo os seus interesses próprios em certa actividade, não estão presentes ao momento em que se tomam as acções.

Integridade na conduta humana é algo identificativo da pessoa com a sua realidade e que se manifesta no tratamento dos outros com quem interage confirmando consistentemente os mesmos princípios. Quando assim se processa a conduta do indivíduo é quase certo que somos interpretados como alguém com quem se pode confiar e este grau de relacionamento é de extrema importância para o desenvolvimento pessoal e profissional do indivíduo.

Frequentemente a demonstração de integridade tem, todavia, um preço. É muitas vezes na confrontação que se demonstra integridade. Confrontação tem normalmente um custo que é o do desagrado de alguém com quem nos relacionamos, e por isso necessita alguma coragem. Quando os

argumentos são de natureza racional, é norma que a pessoa é vista como íntegra e honesta quando se sujeita a confrontação, mesmo que a custo, na defesa daquilo que entende ser mais realista, mais justo. Se, contudo, os argumentos usados não são consistentes com atitudes anteriormente tomadas, o indivíduo pode ser avaliado **pela falta de** integridade e honestidade.
"*De ore tuo te judico*" (pela tua boca eu te julgo).

A falta de uma cultura de exigência em Portugal em circunstâncias próprias onde devia ser exercida, levanta-nos alguns sérios problemas ainda não resolvidos sobre a integridade e honestidade no comportamento das pessoas no desempenho das suas funções. Para melhor se ajuizar esta questão e relacioná-la com a nossa vivência, ainda verificada em Portugal, apresenta-se um exemplo de caso real:

"António, estudante de um curso técnico no Ensino Superior dirige-se à Biblioteca da Escola que frequenta e procura alguma documentação que pensa poder ter sido escrita por antigos professores e dirigentes do seu departamento para daí poder tirar alguns ensinamentos oriundos de pessoas supostamente experientes e idóneas na especialidade.

Não conseguindo encontrar o que pretendia dirige-se ao funcionário de serviço na Biblioteca e expõe a sua necessidade.

*João, funcionário da Biblioteca responde: "Não o posso ajudar porque não temos nos nossos arquivos o que procura e também lhe digo que **é a primeira vez que nos pedem esse tipo de material de leitura**!*

Estupefacto, António reclama: «Então os indivíduos que, durante as aulas, ouvi falar da necessidade de desenvolvimento das mentes, de tanta experiência que acumularam e sucessos profissionais que tiveram, e acima de tudo foram professores em dedicação exclusiva nesta Escola, não deixaram "rasto", isto é, partiram sem legar a esta Escola qualquer artigo, livro, ou documento de modo a passarem palavra?! »

É assim que vai, na generalidade o nosso ainda actual sistema de Ensino em Portugal. Numa palavra, irresponsabilização e falta de integridade profissional é ainda actual entre nós. Enquanto uma **Cultura de exigência efectivamente implantada a todos os níveis hierárquicos nas Organizações** não for verificada, não é possível fazer prevalecer e valorar, a menos por iniciativa pessoal, os ideais nobres da conduta de desenvolvimento social assente em princípios de integridade e honestidade. "Faz o que te digo não faças o que eu faço", é hoje um flagelo em muitas sociedades e da nossa em particular, sem excepção.

A Ética profissional é para ser respeitada (regra de ouro)

Os valores da Ética profissional são determinantes como referência na avaliação e classificação global do Formador. Em caso algum na profissão de Formador se poderá depreciar o valor Ético no contexto do trabalho nobre da Formação Profissional. Primeiro, porque são estes princípios que regem as devidas ligações de qualquer profissão ao utilitário Social, à Segurança e bem-estar das Sociedades. Em segundo lugar, porque o Formador está em contacto com futuros profissionais, qualquer que seja o seu nível cultural e, embora o seu objectivo seja o enriquecimento de conhecimentos técnicos e outros, para os indivíduos em idade adulta, o Formador e a sua postura humana é sempre vista na óptica de mais uma referência comportamental. *O resultado da falta de comportamento ético em qualquer profissão é comparável à tentativa de manter de pé um saco vazio*, o que é evidentemente uma experiência frustrada pela curta duração que a encerra. O comportamento ético é, contudo, algo que deve ser cada vez mais abrangente, na medida em que as actividades humanas se vão desenvolvendo e diversificando. O Formador moderno deve estar atento a motivações diversas que se vão operando a ritmos nunca antes verificados quer no âmbito tecnológico quer nas relações sociais, actividades lúdicas, etc.

Um dos aspectos a ter particular atenção é o da evolução das Ciências da Natureza e das tecnologias Ambientais. Existem neste domínio questões do fórum ético-moral, que não se levantavam até há três décadas atrás. A qualidade de vida das pessoas com particular incidência no campo da saúde está hoje em estrita dependência da eficácia (ou da falta dela) no tratamento das águas, do ar, dos solos e dos detritos urbanos e industriais.

Frequentemente o Formador é abordado por estas questões, mesmo no âmbito de Cursos Tecnológicos e das Ciências Sociais, não necessariamente em cursos específicos na área do ambiente. Para um desempenho cabal o Formador deverá estar atento e minimamente informado sobre esta importante área do conhecimento, procurando respostas correctas sem ferir susceptibilidades no grupo de Formandos.

Este assunto ficará mais claro com um exemplo:

"Joaquim, Formando de um curso de "Frio" Industrial, interveio numa das suas aulas para expressar o seu descontentamento pelo modo como os edifícios públicos, em particular os hospitais, cuidam do ambiente físico interno nos espaços ocupados. Em sua opinião as temperaturas, graus de humidade e os poluen-

tes do ar nestes espaços são deveras nefastos, quer para a produtividade humana verificada nos funcionários do Hospital quer para o conforto dos ocupantes internados.

Manuel, Formador não sensibilizado para problemas específicos do ambiente físico interno nos espaços ocupados nestes edifícios, sentindo-se um pouco desconfortável com esta observação, ripostou:

Sabe, o que você disse tem algum valor mas embora a expressão dessas preocupações se revista de alguma generosidade a favor dos ocupantes, o que é hoje realista é o facto das Organizações se virem na obrigação de lutar contra ortodoxias sem provas".

Neste exemplo, o Formador actuou ou reagiu de modo não apropriado em relação à questão levantada. Entre os profissionais da Formação devem ser reconhecidas estas situações e outras para as quais existe nos nossos dias grande sensibilidade social, levando à necessidade de agir com o devido conhecimento, embora possa ser apenas um generalista nesta matéria, mas sempre reconhecendo o valor deste tipo de observações. Esta é uma área que necessita de alguma preparação, embora possa ser de conhecimentos gerais. Para o Formador de qualquer especialidade de índole tecnológica, é aconselhável preparação mínima neste domínio de modo a responder com sensibilidade a estas questões, quando pertinente. A abrangência de conhecimentos gerais em complemento das competências em matérias específicas é hoje, sem dúvida, uma necessidade do Formador.

Apresenta-se de seguida um outro exemplo onde uma vez mais o Formador é chamado a dar uma resposta adequada:

"Francisco, Formando do Curso de Gestão de Recursos Naturais interrogou Hilário, Formador, sobre o seguinte tema: «O que fazer quando as Organizações impõem métodos de trabalho aos seus profissionais que não se coadunam com um razoável código de Ética?»

Resposta do Formador, entretanto experiente e conhecedor da importância e pertinência desta questão no contexto do Curso:

«Essa questão é de grande importância para as nossas discussões e não vamos perder mais tempo sem tecer alguns comentários sobre este tema:

Em primeiro lugar devemos reconhecer e fazer crer à Organização a que pertencemos, que as pessoas têm a necessidade de expressar as suas ideias alternativas e acompanhar as soluções ao seu nível de trabalho. Por outro lado devemos também reconhecer que enquanto os Códigos de Ética profissional devem prevalecer sobre qualquer outro tipo de ideologias na Organização que levem a atitudes e condutas dispares, também deve ser reconhecido que muitos profissionais não são sensíveis a preocupações do fórum da Ética e este facto é prejudicial a um necessário consenso sobre a importância desta matéria».

Neste contexto apresenta-se um exemplo onde o colectivo de gestores se reuniu numa Conferência para discutir situações da classe Profissional. O grupo dividiu-se entretanto ideologicamente entre o **cumprimento da Ética profissional e a defesa económica das Organizações** que representavam.

A moção apresentada pelos Gestores de Ambiente no Sector da Protecção da Vida Selvagem era a seguinte:

"*A Vida Selvagem necessita de mais protecção a todo o custo e isto significa atitudes baseadas na Ética profissional dos Gestores dos parques, das Autoridades e Público em geral, de modo a preservar estas espécies de modo eficaz*".

Quando esta moção parecia ter um consenso generalizado e unânime, alguns elementos da audiência levantando-se e pedindo a palavra pronunciaram-se do seguinte modo:

"*Nós constituímos aqui um grupo de Gestores que embora reconheçamos o valor Ético-profissional, também não concordamos que se acabe com a Indústria de peles no nosso país. Este facto leva-nos a reconhecer que o abate parcial em algumas espécies terá de ser efectivado em intervalos de tempo a determinar*".

É evidente neste caso alguma confusão entre o que são valores da Ética Profissional e a defesa económica das Organizações que representam. A verdade é que a Ética significando responsabilidade profissional deve ser cumprida. Por outro lado a Indústria de peles não pode sobreviver sem animais entretanto mortos. A sessão terminou sem se atingir qualquer resolução em definitivo. As questões de Ética profissional envolvem honestidade e integridade e estes valores implicam identidade das palavras com as acções que o indivíduo profissional irá tomar no futuro. No mundo em que vivemos qualquer acção tomada encontra oposição. Há que implementar Normas que estabeleçam utilidade social máxima nas acções tomadas mas sempre no respeito universal pelos valores da Ética.

Tolerância activa, Humildade e Persistência são valores nobres do Formador competente

Nos tempos modernos em que vivemos, o Formador é frequentemente envolvido em situações de competidor com tudo o que vai, em certo momento, na alma dos seus Formandos. É desta "disputa" que resulta ou não a oportunidade de ser escutado com interesse sobre as matérias em questão.

É este tipo de tolerância na interacção, sobretudo com jovens, que é necessária nos dias de hoje ao Formador. Existem hoje muitos e variados motivos de interesse no dia-a-dia sobretudo nas camadas jovens. *As pessoas só prestarão completa atenção a qualquer assunto, se este for apresentado com interesse suficiente para estimular o interlocutor e levá-lo a "pôr de parte" tudo o que lhe vai na alma a favor do que se lhes pretende transmitir num determinado momento.* O Formador deve ter presente este princípio como ponto de partida para conseguir obter os resultados que pretende no cumprimento dos seus objectivos. É necessária preparação neste domínio que transcende de certo, as matérias mais emergentes da sua actividade formativa.

Quando o Formando apresenta ideias nas quais o Formador acredita dever estimular o interlocutor a desenvolver o intelecto sobre o assunto, deve actuar em conformidade e ceder o tempo suficiente para a exposição de ideias.

É fácil e por vezes cómodo para o Formador tomar a atitude: *já apresentei a matéria portanto a minha tarefa está cumprida.*

Nada mais errado! É necessário "auscultar o pulso" dos Formandos no sentido de nos apercebermos da compreensão conseguida sobre as matérias. Esta é parte muito importante do trabalho de um Formador. A questão é a de se saber **como** se pode realizar este trabalho por parte do Formador. Existem modos de estimular o Formando a acompanhar as matérias com atenção:

Exemplo:

Fazer com que o Formando reaja ao assunto que se lhe transmite.
O Formador tece alguma crítica construtiva ao Formando sobre determinada matéria:
Formador: Eu gostaria de falar consigo (Formando) acerca do relatório que me entregou a semana passada. Este trabalho seu não me dá um cenário

suficientemente claro daquilo que você pretende demonstrar. Quando leio o relatório fico um pouco no vazio porque há evidentemente muito por esclarecer em determinados pontos.

(O Formador está a tentar a reacção apropriada por parte do Formando).

Por exemplo, o que é que quer dizer quando refere que **se deve proteger o motor eléctrico contra danos materiais e humanos?** *ou o que quer dizer quando afirma que* **um transformador isolador pode resolver a situação?** *ou ainda quando diz que* **se deve adquirir um transformador de potência com o dobro da capacidade do que é necessário no momento, para reduzir perdas e poupar energia?**

Neste caso, o Formador pode esperar do Formando diferentes tipos de reacção: O Formando pode concordar ou não com as observações do Formador ao seu trabalho expresso no relatório. Pode ainda ressentir à crítica e recusar-se a pensar mais no assunto. Pode inclusivamente decidir não pronunciar uma só palavra sobre o caso.

O Formador, no caso de verificar reacção negativa por parte do Formando, deve procurar estimulá-lo positivamente, fazendo algumas referências, com coerência, a alguns pontos altos do Formando. Por exemplo: Você (Formando) tem capacidades de raciocínio tais, que com os conhecimentos que adquiriu, pode realizar um trabalho final muito mais valorizado. Penso que lhe falta apenas colocar tudo aquilo que sabe no devido lugar e de um modo mais claro e inteligível.

Formando: Mantendo-se na mesma posição anterior, isto é, sem palavra reactiva:

O Formador insiste um pouco mais e, com a persistência e a humildade que deve exercer neste caso, continua:

João (Formando), você não quererá saber em que me baseio para lhe falar assim?

(O Formador reverte a posição, aplicando um princípio normalmente útil neste caso).

João (Formando): Sim, sim, gostaria que adiantasse um pouco sobre as razões porque me faz estas criticas, o que me está a deixar um pouco embaraçado!

Formador: Eu já pensava que você estava interessado em ir mais longe nesta conversa, e eu pergunto-lhe: Você não tem confiança na minha avaliação sobre o seu relatório?

Formando: Não, não, é apenas uma questão de entender melhor o que me quer dizer.

Neste caso, o Formador obteve o que pretendia, isto é, a **reacção do Formando como sinal de interesse na discussão.**

UMA NOVA FACETA DO TRABALHO DO FORMADOR EM PORTUGAL
O RELACIONAMENTO PROFISSIONAL EFICAZ NO NOVO AMBIENTE INTERCULTURAL DE IMIGRANTES

O Formador tem actualmente desafios que não existiam em Portugal há cerca de duas dezenas de anos, isto é, o de Formar pessoas com culturas diferentes dos nossos próprios formandos nacionais. Muitas destas pessoas têm hábitos e modos de pensar muito diferenciados da cultura latina. Este é, sem dúvida, um desafio para o qual o Formador moderno deve estar cada vez mais capacitado. Sendo certo que actualmente este tema é infelizmente muito pouco discutido entre nós, o facto é que aparecem com regularidade Formandos, particularmente os de origem eslava, muitos deles devidamente legais no país a frequentar Cursos de Formação Profissional, sobretudo nas áreas tecnológicas. Estes indivíduos procuram essencialmente uma legítima interacção de conhecimentos não só nas técnicas de trabalho mas também, é de importância vital para este grupo, adquirir conhecimentos de enquadramento na legislação portuguesa e comunitária afecta às áreas respectivas.

Sem dúvida, estes aspectos integrativos são, para estas comunidades, de importância vital e devem ser cada vez mais apoiados pelo Governo através dos respectivos departamentos na área Formação Profissional. Esta é prática corrente, pelos mesmos motivos, nos países industrializados e socialmente desenvolvidos.

O Formador deve estar atento e capacitado em matérias de relacionamento intercultural para melhor e mais eficazmente interagir com as novas culturas cujo comportamento interactivo só poderá ser estranho aos impreparados ou com falta de sensibilidade para este tipo de situações.

Confirma-se na actualidade que a atitude portuguesa na gestão global de Recursos Humanos está marcada por falta de talento na utilização eficaz deste precioso bem que com certa facilidade ou felicidade, Portugal vem conseguindo captar desde os séculos XVI e XVII até aos nossos dias na União Europeia com a recepção de centenas de milhar de Imigrantes muitos deles profissionalmente bem qualificados. Chegados ao nosso país a custo zero para os portugueses, estas pessoas merecem melhor integração para benefício deles próprios e de todos.

Todos os países ocidentais hoje desenvolvidos cedo perceberam (sobretudo desde a 2.ª Guerra Mundial) que a diversidade cultural e profissional vinda do exterior é para ser bem enquadrada no sentido de captar o máximo desta força disponível e disposta a refazer as suas vidas através, na sua grande maioria, do trabalho incessantemente produtivo. Esta força está hoje desperdiçada em Portugal cujas razões só o gosto pela ineficácia o poderá explicar. É óbvio que estão sendo aqui prejudicados não só os próprios imigrantes como toda a população portuguesa porquanto este potencial, que seria de outro modo precioso para o desenvolvimento do país, está sendo usado nas circunstâncias sem qualquer planeamento de alcance.

De um modo geral, apenas alguma instrução sobre a língua portuguesa é administrada em pequenos núcleos e de forma voluntária essencialmente ao nível das paróquias ou em outras instituições de bem-fazer.

Não existe uma coordenação efectiva de integração dos Imigrantes ao nível da Formação Profissional que se adapte a este segmento da força laboral e que hoje conta com cerca de 410.000 trabalhadores, entre os quais se encontram pessoas com mais valias profissionais de grande relevo, capazes de uma efectiva contribuição para o desenvolvimento de Portugal.

Em qualquer país desenvolvido com experiência bastante na utilização dos Recursos Humanos é base instrutória fundamental a língua própria logo seguida pela formação em Regulamentação e Normalização, adaptáveis às profissões diversas nas relações de trabalho incluindo a ética laboral. Nas áreas tecnológicas, são especificamente necessários como **conhecimentos integrantes** a **Higiene e Segurança no Trabalho, o Ambiente físico em geral, a Regulamentação Eléctrica e a Segurança dos Equipamentos de Potência** entre outros aspectos de maior relevância da profissão de cada um. Uma coisa é certa, o esmifrar do trabalho de um indivíduo com a qualificação de físico, de engenheiro, de médico, de enfermeiro ou outra, que coloca tijolo sobre tijolo durante meses e anos consecutivos, prejudica não só os próprios trabalhadores como é inadmissível a perda de oportunidade de produção de riqueza qualificada no país, devido à subutilização destes recursos. Do ponto de vista das perdas materiais envolvidas e do subaproveitamento de intercâmbio cultural, só o nosso desleixo característico pode justificar esta atitude. Tudo isto nos envergonha, não só por sermos um país ainda pobre na EU, mas sobretudo, por sermos voluntariamente ineficientes e maus utilizadores dos Recursos Humanos com que a *"natureza"* nos tem presenteado.

A APRENDIZAGEM EM AMBIENTE DIGITAL – E-LEARNING

O método E-learning foi desenvolvido para a satisfação das necessidades das Empresas e dos cidadãos em geral empenhados na Cultura e na Formação Profissional de modo contínuo e actualizado. Usando esta modalidade para a educação e formação à distância com suporte na Internet consegue-se que o trabalhador das mais diversas profissões ou o cidadão em geral possa, por si próprio, progredir na sua auto-actualização criando deste modo virtual o "stock" de conhecimentos capaz de, quando acompanhado com a prática suficiente, conseguir resultados efectivos no contexto real da vida.

O método E-learning é visto numa perspectiva de treino interactivo de benefício pessoal, quer do ponto de vista do recurso tempo dispendido quer do conforto individual. O trabalhador passou a servir-se das tecnologias E-learning para adquirir o "stock" de conhecimentos que mais lhe interessa num momento particular da sua vida. Este método de aprendizagem supera as dificuldades de tempo, deslocamento e espaço físico anteriormente necessários. A tendência evolutiva deste processo de aprendizagem com todas as limitações que encerra (aprendizagem virtual) está sendo encarada nos dias de hoje, como um meio para mais fácil acesso ao enriquecimento cultural das populações e, portanto, com grande impacte na evolução da vida pessoal e profissional do cidadão.

Geralmente, o método E-learning para a Formação Profissional não dispensa a orientação de um Formador que será o "centro do processo", aquele que indica a abordagem às matérias de acordo com o Programa do Curso. O Formando, que aprende por si próprio, entra em contacto com as matérias e realiza as actividades propostas pelo Formador no seu tempo disponível e no seu próprio espaço.

As relações que se podem estabelecer entre todos os que seguem o mesmo curso e método E-Learning podem ainda beneficiar da ajuda mútua, produzindo as melhores sinergias na obtenção do máximo "stock" de conhecimentos. Num mesmo curso à distância, para uma certa actividade profissional, pode existir ainda alternância entre esforços, sendo possível adquirir diferentes meios e recursos auxiliares tais como hipertextos veiculados em CD-ROM, Vídeos, Correio Electrónico e Teleconferências.

As experiências têm mostrado que este método de Formação cria no indivíduo o *"feeling"* de "estar junto virtualmente" o que se exprime por um intercâmbio personalizado com troca de experiências e enriquecimento de conhecimentos. Deste modo podem formar-se redes de aprendizagem autênticas empregando as chamadas *"Computer Mediated Comunications"* levando os indivíduos a aprender em conjunto por meio de **interacção comunicativa de suporte digital, rápido e efectivo**. Cabe nestes casos ao Formador **organizar** situações de verdadeira aprendizagem, **planeando** e **propondo** actividades, **disponibilizando** matérias de apoio com o uso das tecnologias de comunicação disponíveis. **O Formador é neste contexto um verdadeiro mediador e orientador do Formando**. Neste ambiente digital, o papel do Formador passa a ser redefinido ... isto é, para além de orientador torna-se também um verdadeiro parceiro dos Formandos no sentido em que "navega" com os alunos na pesquisa do conhecimento.

Neste contexto quais serão as vantagens da aprendizagem à distância num ambiente digital?

1) O Formando progride ao seu ritmo.
2) Usa o seu espaço e tempo de um modo mais conveniente.
3) Tem o Formador em simultâneo como seu orientador e parceiro próximo na busca do conhecimento.
4) Selecciona as suas necessidades de aperfeiçoamento pessoal e profissional podendo ajustá-las às necessidades da Organização a que pertence.
5) Avalia o seu próprio progresso na aprendizagem.
6) Reduz os custos da sua Formação.

A aprendizagem à distância em ambiente digital vem trazer vantagens aos cidadãos em geral e às Empresas em particular, no sentido em que cria o desejado "stock" de conhecimentos de um modo rápido, eficaz e eficiente(*)' o qual servirá de base para o aprofundamento das questões reais'. Não obstante se trate de um tipo de aprendizagem virtual e por isso não completa, a flexibilidade temporal e de espaço é ainda a maior vantagem deste modo de aprendizagem.

(*)' Eficácia relaciona-se com o grau utilitário do processo de aprendizagem.
Eficiência relaciona-se com os custos necessários à obtenção do benefício.

ALGUMAS PALAVRAS SOBRE AS DIFICULDADES COM QUE SE TEM DEBATIDO A FORMAÇÃO PROFISSIONAL EM PORTUGAL

A Formação Profissional é largamente reconhecida como uma condição "*sine qua non*" para a elevação do índice de produtividade de uma Organização laboral e por conseguinte, é uma das variáveis mais relevantes para o necessário sucesso de um país nos mais diversos sectores da actividade económica. Na generalidade, tem sido sentida em Portugal a falta de estruturas capazes de transformar a retórica em redor das matérias da Formação Profissional em factos reais, isto é, de se conseguirem Programas Formativos eficazmente mobilizadores e abrangentes às várias camadas da população activa, que funcionem de modo motivante, convencendo as partes intervenientes do seu conteúdo utilitário. Este trabalho nobre e socialmente útil pode ser estimulante e compensatório para a melhoria da qualidade de vida dos cidadãos, abrindo uma nova dimensão para o seu próprio país.

Até ao presente, não nos temos orgulhado, na generalidade, destes atributos. Não obstante os esforços e os recursos financeiros já despendidos, estamos ainda longe de constatar os mecanismos necessários a uma verdadeira Formação Profissional, suficientemente organizada, **eficaz** e **eficiente** em Portugal, capaz de motivar e mobilizar as pessoas para melhor se adaptarem às suas próprias necessidades.

Sobre a **Formação Interna nas Empresas**, um grande número destas, não tem, nem tão pouco muitos dos nossos empresários têm como objectivo, alcançar estruturas adequadas à promoção da sua própria Formação Interna. As causas são diversas mas o nosso traço cultural que é o do "mais imediatismo e menos empreendedorismo" torna esta situação de difícil resolução. Cabe aos organismos públicos, através de estruturas correctivas adequadas, dinamizar e incrementar a eficácia na Formação ao estimular a motivação cultural e sócio-profissional dos próprios empresários portugueses para que haja efectiva mudança de atitude na aceitação e promoção desta imprescindível "alavanca" económica, que é a Formação Profissional. Deste modo verificar-se-ão, quando acompanhado pela necessidade de outros instrumentos de produção, os níveis de produtividade global tão desejados no país.

A Formação Profissional que foi anteriormente subsidiada pelo Estado/FSE através dos Programas Operacionais da Economia, designadamente no que se refere aos programas POEFDS (Plano Operacional da Economia, Formação e Desenvolvimento Social) teve o mérito de capacitar os órgãos responsáveis com conhecimentos suficientes para reduzir ineficácias e ineficiências nos futuros Programas que agora têm início (2008-2013). É possível que na prática formativa, sobretudo nas **Pequenas Empresas** vocacionadas para a Formação, se venham a repetir dificuldades e problemas emergentes, muitos deles com origem nos hábitos e vícios do passado. Devido sobretudo a mecanismos de controlo da parte das Entidades Promotoras que, pecando por deficiência e/ou por excesso causaram tremendas dificuldades a todas aquelas Organizações de Formação Profissional que mais honestamente pretenderam ser úteis neste campo de actividade. Estas Empresas, muitas delas de pequena dimensão, elegíveis para a prática Formativa porque acreditadas por um órgão único regulador oficial, o INOFOR/IQF (Instituto para a Qualidade na Formação), não foram na generalidade acompanhadas no seu percurso formativo pelas Entidades Reguladoras respectivas a partir dos Departamentos próprios instalados nas Regiões afectas onde os Cursos tiveram lugar. Estas Empresas de Formação não foram, na generalidade, acompanhadas como deviam, quer nos aspectos de controlo de qualidade da Formação quer em outros aspectos pertinentes de proximidade com as Organizações Formadoras. O modo como actuaram, pouco racionalmente em alguns critérios, desmotivaram seriamente as Empresas nesta actividade. A legislação regulatória sobre a Formação Profissional subsidiada, que foi abundante sobre este tipo de financiamento, obrigou as Empresas Formadoras a extremos e exaustivos cuidados interpretativos para evitar penalizações por eventuais desconhecimentos da legislação, a qual por sua vez pôde ser alterada durante o decorrer do próprio processo formativo. Existiram casos, em que houve alterações na legislação sem que a mínima informação tenha sido transmitida às Empresas Formadoras com um simples gesto de cortesia, exigível no contexto. Obviamente, mantendo-se a actual debilidade na interacção comunicativa, a Empresa Formadora, **estando à partida envolvida numa actividade não lucrativa** (no caso da Formação Profissional subsidiada), poderá ser negativamente afectada na gestão dos seus recursos com todas as consequências que daí podem resultar.

Nestes casos, onde é claro que, à partida, nenhuma das partes envolvidas (Promotores e Empresas) estará interessada no insucesso dos Programas, poder-se-á sugerir que se revejam os mecanismos interactivos da comunicação entre Promotor e Empresa de modo a melhorar a **eficácia** e a **eficiência** na aplicação de recursos assentes em premissas fundamentais, mais adequadas à realidade das Empresas de Formação, às Regiões onde os Programas são implementados e aos interesses do país. Serão estes os princípios básicos de uma Formação Profissional Sustentável. Pode resumir-se em poucas palavras as necessidades de melhoria julgadas essenciais:

1. Eficácia no Controlo pela Entidade Promotora donde possam ser contabilizados créditos consoante a qualidade do trabalho desenvolvido e apresentado pela Entidade Formadora. Como forma de estímulo às Empresas com melhor "performance" deve ser-lhes atribuída justa distinção compensatória. Impõe-se a penalização em condições contrárias ao normal funcionamento dos respectivos Programas aceites. Tornar-se-á claro que se for esta a filosofia aplicada, exige-se muito mais trabalho técnico da Entidade Promotora do que o exercício apenas no controlo financeiro como tem existido até à data.
2. Paralelamente às condições estabelecidas, com **critérios geralmente aceites na base do rigor** de controlo financeiro, deverão introduzir-se algumas alterações para melhoria da interacção entre as Entidades Promotora e Empresa Formadora, designadamente na **efectivação de visitas periódicas aos locais de Formação e respectivas Instalações Administrativas das Empresas Formadoras para**:
   1) Melhor compreensão dos problemas internos que estas Empresas enfrentam na Gestão das Acções Formativas e que possam afectar a qualidade da Formação em curso.
   2) Melhor percepção sobre a qualidade das matérias formativas que se desenvolvem durante as respectivas Acções quando

comparado com os Programas previamente aprovados. Este trabalho não dispensará entrevistas periódicas com os Formandos.
3) Captação de informação atempada sobre eventuais irregularidades no cumprimento dos Programas conforme aceites e aprovados.

Poderá parecer, em primeira-mão, que após os contratos assinados entre o Organismo Promotor e a Empresa Formadora tudo está claro: **O contrato existe** e a Empresa **deve cumprir**. Não é líquido que, neste processo tudo o que está contratualmente escrito seja cumprido, a menos que exista o efectivo controlo "*in loco*" das operações devidas.

Quer a Empresa Formadora quer a Organização Promotora deverão actuar como se de uma inter-relação com resultados dependentes de múltiplas variáveis se tratasse, em que alguns destes factores são intrínsecos à própria intracultura local.

A Formação Profissional de adultos é matéria que exige profundo conhecimento das motivações Sociais dentro da própria Região onde ela é realizada. Os Formandos são normalmente indivíduos, que por alguma razão deixaram a escolaridade oficial incompleta. Há aqui, sobretudo em **Acções de longa duração**, uma propensão natural para a desmotivação, para o cepticismo "*será isto que me vai ajudar no meu futuro?*". É neste ponto que a Empresa de Formação, responsável e adequadamente equipada em recursos, intervém e "investe" em motivação, paralelamente aos ensinamentos específicos do Programa. Se esta componente motivacional não existir, os resultados podem ser frustrantes para o Promotor e financeiramente catastróficos para a Empresa Formadora. As desistências dos Formandos podem trazer grandes dissabores à Empresa Formadora, muitas vezes sem que esta nada tenha feito para o insucesso. As razões podem vir de aspectos Sócio-Económicos e Culturais, os quais, à partida não puderam ser observados nem na entrevista inicial nem no início da Formação.

Em prol de uma nova "**força credível**" para a Formação Profissional em Portugal, existe a necessidade urgente de ponderar e actuar no sentido do estabelecimento de um novo processo interactivo-comunicativo entre as partes intervenientes. Esta nova interacção deve ser capaz de mobilizar recursos para a **Qualidade Efectiva na Formação**, estimulando as **Empresas Formadoras que o merecerem. Reduzir ou anular falhas comunicativas importantes entre estas Empresas e os Órgãos Institu-**

cionais (caso da Formação subsidiada) parece ser assunto da mais elevada prioridade. A Empresa vocacionada para a Formação Profissional, desenvolvendo os seus Programas com eficácia e sobretudo com competência e boa fé, deverá ser estimulada, ao contrário daquelas não cumpridoras, as quais devem ser encorajadas à desistência das suas actividades formativas. Para que este tipo de controlo possa existir, é imprescindível sem dúvida alguma, que os critérios e mecanismos de comunicação Entidade Promotora/Empresa de Formação sejam revistos e melhorados com a urgência suficiente, tendo como pedra de toque fundamental a Competência e a Ética Profissional.

BIBLIOGRAFIA

ARANBINI, G. – (1996) *L'Éducation des Adultes*. Paris: Anthropos.
BARBIER, J. M. – (1996) *Elaboração de projectos de Acção e Planificação*. Porto: Porto Editora.
BAZIN, R. – *Organizer les sessions de formation*, Paris, Éditions ESF, 1991, Col. Formation Permanente en Sciences Humaines.
BELCHIOR, F. (1990) – *Educação de Adultos e Educação Permanente: A Realidade Portuguesa*, Lisboa – Livros Horizonte.
BETTENCOURT, A. M. et al (2000) – *Territórios Educativos de Intervenção Prioritária: Construção Ecológica de Acção Educativa*.
BOYLE CHARLES, A. – *Public Speaking – International Self-Counsel* (1977) Press Ltd.
CANÁRIO, R. (1999) – *Educação de Adultos. Um campo e uma Problemática*, Lisboa: Educa.
CARVALHO, J. R. et al (1990) – *A Formação do Jovem – Um Modelo Interactivo*: Rio Tinto, Edições ASA.
COUREAU, S. – *Les outils de base du formateur. Pardes et supports*, Paris Éditions ESF, 1993.
DESGRAUPE, Ph, L. HOMME M. – *Évaluer la Formation*, Paris, Nathan (1994).
FISKE, E. B. (1997): *L'Éducation des Adultes dans un Monde à Deux Vitesses*. Paris: UNESCO.
FREIRE, P. – *Pedagogia da Esperança: Um reencontro com a Pedagogia do Oprimido*. Porto: Afrontamento.
FRUILLETTE, L. – *Le nouveau formateur*. Paris, Dunod (1989).
HAMADACHE, A. (1991) – *L'Éducation non Formalle: Concept e Illustration* – Perspectives, vol. XXI, n.° 1 (77) pp. 125-129.
HARGREAVES, A. (1998) – *Os Professores em Tempos de Mudança – O Trabalho e a Cultura dos Professores na Idade pós Moderna*. Lisboa: McGraw-Hill.
HARROW, A. J. (1997) – *Taxonomy of the Psychcmotor Domain*. Londres: Mac Millan Co.
HONORÉ, P. – *Pour une pratique de la Formation*. Paris, Payot, 1980.
HOSTIE, R. – *Session de sensibilisation aux relations humaines:* Guide pratique, ARIP Editions, Épi (1974).
KLASSEN, C. A. (1998) – *Empowerment and Social Responsibility in the Learning Society. Adult Education and Social Responsibility*. Frankfurt and Main: Peter Lang, pp. 221--236.
MORRIS, Desmond – *The Human Zoo* – Triad/Granada (1979).

NIRENBERG, Jesse S. – *Getting Through to People* – Printice-Hall, Inc. (1973).
SANTOS, J. Martins – *Comunicação e Sucesso Pessoal* – Via Láctea (1993).
SANTOS, J. Martins – *Melhor Comunicação Técnica – Mais Desenvolvimento Pessoal* – Edições I. Piaget (2003).
SANTOS, J. Martins – Homem-Máquina – Paradigma da Vida Moderna – Edições Almedina (2007).
STEPHEN R. COVEY – *The Seven Habits of Highly Effective People* (1998) – Fireside Book – Simon and Schuster – New York.
WINTER, Caryl – *Present Yourself with Impact* – Ballantine Books – New York (1983).

ÍNDICE

Preâmbulo	11
A Filosofia, a Assertividade e o Sucesso do Formador Moderno	13
Técnicas para a Concepção e Desenvolvimento de uma Acção de Formação	17
O Inventário dos Recursos Necessários a um Programa de Formação Profissional.	25
As Tarefas na Área Pedagógica	33
A necessidade de Comunicar Eficazmente	39
Formas e Processos de Avaliação da Formação	45
Técnicas de Avaliação	53
A Avaliação e a Interpretação dos Resultados	59
A Avaliação Final de um Programa Formativo	79
A Formação Pedagógica de Formadores – Métodos, Processos e Conteúdos na Preparação Eficaz	85
Os Actuais Cursos de Formação Pedagógica de Formadores e os Grandes Desafios Colocados ao Futuro Formador Profissional	91
A Concepção, o Planeamento e a Implementação de um Programa de Formação Interna para a Empresa	103
O Valor da Comunicação Escrita e Oral no Desempenho do Formador e na Eficácia e Eficiência da Organização Formadora	109
A Comunicação Oral e a sua Importância num contexto de Formação Profissional	111
A Importância da Assertividade na Relação Formador-Formando	125
Princípios Vitais na Comunicação Oral para o Sucesso do Formador	129
A Comunicação Técnica Escrita e a Formação Profissional	135
Questões Essenciais na Comunicação para o Sucesso do Formador	161
A Ética Profissional, o Reconhecimento e a Atitude do Formador	171

Algumas Palavras sobre o Reconhecimento Ético-Profissional do Formador e o Impacte Consequente na sua Atitude 175

As Contradições: o Ético-Profissional e a Cultura da Organização 177

Direitos e Deveres do Formando 181

As Cinco Estrelas da Nobre Profissão do Formador Moderno 183

Uma Nova Faceta do Trabalho do Formador em Portugal – o Relacionamento Profissional Eficaz no Novo Ambiente Intercultural de Imigrantes 195

A Aprendizagem em Ambiente Digital – *E-Learning* 197

Algumas Palavras sobre as Dificuldades com que se tem Debatido a Formação Profissional em Portugal 199

Bibliografia 205